Pe. GIOVANNI MURAZZO

Maria,
Rainha da simplicidade

*Em honra dos 300 anos de Aparecida
e 100 anos de Fátima*

EDITORA
SANTUÁRIO

DIREÇÃO EDITORIAL:
Pe. Fábio Evaristo R. Silva, C.Ss.R.

COORDENAÇÃO EDITORIAL:
Ana Lúcia de Castro Leite

COPIDESQUE:
Sofia Machado

REVISÃO:
Bruna Vieira da Silva

PROJETO GRÁFICO E DIAGRAMAÇÃO:
José Antonio dos Santos Junior

CAPA:
José Antonio dos Santos Junior

Dados Internacionais de Catalogação na Publicação (CIP) de acordo com ISBD

M972m   Murazzo, Giovanni

Maria, rainha da simplicidade: em honra dos 300 anos de Aparecida e 100 anos de Fátima / Giovanni Murazzo. - Aparecida, SP : Editora Santuário, 2019.
120 p. ; 14cm x 21cm.

ISBN: 978-85-369-0598-3

1. Cristianismo. 2. Maria. 3. Aparecida. 4. Fátima. 5. Pastoral. I. Título.

2019-947   CDD 240
                                                             CDU 24

Elaborado por Vagner Rodolfo da Silva - CRB-8/9410

Índice para catálogo sistemático:
1. Cristianismo : Fé 240
2. Cristianismo : Fé 24

Todos os direitos reservados à **EDITORA SANTUÁRIO** – 2019

Rua Pe. Claro Monteiro, 342 – 12570-000 – Aparecida-SP
Tel.: 12 3104-2000 – Televendas: 0800 - 16 00 04
www.editorasantuario.com.br
vendas@editorasantuario.com.br

Apresentação

O padre Giovanni Murazzo, missionário xaveriano, enriquece-nos com mais um livro: "Maria, Rainha da Simplicidade: em honra dos 300 anos de Aparecida e 100 anos de Fátima". Este livro é fruto da fé e do amor mariano que habitam o coração do nosso autor.

A originalidade deste livro está nos depoimentos, testemunhos, experiências de pessoas que amam Maria e por ela são amadas com amor de predileção.

Você, leitor(a), pode tirar um grande proveito espiritual e pastoral para sua vida, porque este não é mais um livro de mariologia, mas uma obra que relata vivências, contatos e fatos de fé em relação a Maria, Mãe de Deus e nossa. O mundo de hoje acredita mais nas testemunhas do que nos mestres. Não basta a ciência, é preciso a experiência.

As palavras movem, os exemplos arrastam. As ideias são válidas se forem práticas. Temos um excesso de palavras e teorias, mas o que convence mesmo são as práticas, os testemunhos, as vivências concretas.

Neste Ano Mariano, que presente podemos dar à Mãe de Deus? Penso que o presente que mais agrada a Maria consiste em sermos seus imitadores. Portanto, procuremos "ser como

Maria". Ter fé como Maria. Viver a Palavra como Maria. Rezar como Maria. Visitar as casas como Maria. Evangelizar as famílias como Maria. Silenciar como Maria. Permanecer ao pé da cruz, como Maria. Sim, é preciso permanecer na escola de Maria, para sermos discípulos de Jesus.

O livro do padre Giovanni, narrando experiências de pessoas que vivenciaram ou vivenciam um relacionamento filial com a Mãe de Deus, muito nos ajudará a "ser como Maria". Os Missionários Xaverianos invocam Maria como Nossa Senhora da Estrada. O papa Francisco quer uma Igreja em saída, *na estrada* e em visitação permanente. Nós, filhos e filhas de Maria, somos convidados a sair de nós mesmos, sair de casa, sair da sacristia, sair do sofá, sair da paróquia, sair da diocese, sair do país, para evangelizar onde moramos e além-fronteiras.

Dom Orlando Brandes
Arcebispo de Aparecida
julho/2017

Introdução

Leitor(a) amigo(a), seja abençoado(a) na leitura deste pequeno livro!

Assim como a obra-prima de Michelangelo é a *Pietà*, Nossa Senhora é a obra-prima da Santíssima Trindade: Filha de Deus Pai, Mãe de Deus Filho, Esposa do Espírito Santo. Esse tríplice relacionamento é a nascente daquelas maravilhas cantadas por Nossa Senhora: "... todas as gerações me chamarão bem-aventurada!"

Tive a graça de morar em Roma, em 1974, para meu ano sabático. Toda vez que entrava na basílica de São Pedro, eu gostava de parar e rezar diante da cativante imagem da *Pietà*. Depois, ficava a olhar e admirar os numerosos fotógrafos, principalmente japoneses, que não se cansavam de fotografá-la. Eu pensava: Se essa obra-prima de Michelangelo encanta e cativa tantas e tantas pessoas, como não deve, Nossa Senhora, obra-prima da Santíssima Trindade, encantar e cativar?!

O que eu poderia – ou deveria – fazer para que ela fosse conhecida, admirada, amada e imitada pela família humana? Recolher preciosos testemunhos e oferecê-los a Nossa Senhora, o que agora faço, por meio deste pequeno livro, como se fosse um ramalhete de flores.

Era meu desejo e decisão dar ao livro o título de "Florilégio Mariano". Durante um café da manhã em minha comunidade, partilhei esse desejo com pessoas amigas. Elas, depois de me escutarem, perguntaram-me: "Este livro vai ser lido pelos teólogos ou pelas pessoas do povo de Deus?" Respondi: "Pelo povo de Deus, é claro!". Disseram-me que precisávamos de um título mais simples, e a Priscila sugeriu: "*Maria, Rainha da Simplicidade*".

No dia seguinte, festa de Nossa Senhora Rainha, durante a Santa Missa, em meu coração senti que o título mais certo, mais bonito, mais cativante e mais ao alcance do povo de Deus deveria ser mesmo: "*Maria, Rainha da Simplicidade*". Desejo e rezo para que Maria, Rainha da Simplicidade, possa tocar o coração e iluminar a mente das pessoas que irão ler este pequeno livro.

Qual o objetivo desse meu sonho? O mesmo objetivo apresentado pelos bispos na Quinta Conferência Eclesial das Américas, no Documento de Aparecida: cada batizado é chamado a se tornar alegre discípulo e feliz missionário. Quem poderia nos ajudar a alcançar esse objetivo, senão a Mãe de Jesus e nossa?!

Padre Giovanni Murazzo, missionário xaveriano
Avenida Manoel Ribas, n. 2037
85301-020 – LARANJEIRAS DO SUL, PR
Telefone: (42) 3635-1413
e-mail:murazzogiovannisx@gmail.com

Nossa Senhora, Rainha da Simplicidade

Priscila Locatelli – Hortolândia, SP

Assim como relato em meu testemunho sobre Nossa Senhora do Bom Conselho (na p. 100), nem sempre estive em harmonia com a Igreja. Muitas vezes lamentei por esse período de minha vida, mas tenho a compreensão de que, se não fosse dessa forma, talvez, hoje, eu não soubesse como é imenso o amor de Deus por mim.

Sei que Deus me ama quando trabalho para ele, na área do tratamento da dependência química. Sei que Deus me ama quando coloca em minha vida pessoas tão especiais, como padre Giovanni Murazzo. Sei que Deus me ama quando me encaminhou para ser agente da Pastoral da Sobriedade.

Em uma das reuniões dessa pastoral, padre Giovanni entregou-nos um convite para que escrevêssemos um testemunho sobre o título de Nossa Senhora que mais nos cativasse. Na hora, eu disse que escreveria sobre Nossa Senhora do Bom Conselho, e meu coração encheu-se de alegria! Com Maria em nossa vida, a alegria transborda!

No convite, constava que haveria uma "equipe de redação", a qual faria uma revisão dos textos enviados. Após algumas dúvidas, alguns receios, alguma vergonha, ofereci-me para participar dessa equipe.

Assim, comecei a receber os textos enviados ao padre Giovanni. Pensava eu que apenas daria uma formatação geral e faria algumas correções. No entanto, o plano de

Deus foi muito além disso. Participar da coleta e dos ajustes dos testemunhos foi uma dádiva para mim. Eu esperava que eles chegassem, como se fossem cartas de amigos meus!

Lendo-os, fui me sentindo ainda mais atraída por Nossa Senhora! Quanta meiguice no cuidado com seus filhos, tão imperfeitos e frágeis! Ela, que foi Mãe do Salvador, coloca-se gratuitamente como Mãe dos Pecadores! Ao receber Jesus – por meio de Maria –, Isabel perguntou a que devia a honra de receber, em sua casa, a Mãe de seu Senhor. E, às vezes, eu também me pergunto, como pode ser que ela me ame desse jeito?

Assim, fui viajando, com Maria, pelas vidas de seus filhos... "conheci" pessoas e histórias que não teria conhecido de outras formas. "Estive" com ela em maternidades, consultórios e leitos de UTI. Alegrei-me com tantos testemunhos! Chorei com tantos testemunhos! Descobri devoções que não conhecia, como a Estrela do Mar! E o tempo todo estive tão agradecida, como se fossem milagres acontecidos comigo ou com pessoas que eu amasse!

Em certo momento, padre Giovanni autorizou-me a convidar amigos meus para que escrevessem também. Elenquei algumas pessoas muito especiais, em amizade e fé, que convidei, com o coração em festa. Apenas uma pessoa não quis escrever, e algumas quiseram, mas não escreveram.

A cada convite, o que eu mais ouvi foi: "Priscila, eu não sou escritora, eu não sei se o que aconteceu foi um milagre". E o argumento que usei para incentivá-las e convencê-las foi o que primeiro veio a minha mente: "Não se preocupe, **Nossa Senhora é a Rainha da Simplicidade**".

Garanti a todos que Nossa Senhora não queria discursos perfeitos, tampouco grandes e maçantes dissertações. Eu entendi esse livrinho, desde o começo, como sendo um presente simples a ela, em seu ano jubilar. Desde o início, entendi que o mais importante não seria formarmos um tratado a ser estudado nas grandes universidades de teologia, mas unirmos filhos e filhas de Nossa Senhora, levando mais longe nosso agradecimento pelas graças recebidas e percebidas!

Ao imaginá-la como Rainha da Simplicidade, penso nas tantas pessoas que a amam. Às vezes, pessoas muito simples, com pouco estudo. Às vezes, pessoas que não sabem coisa alguma sobre religião, mas sabem dizer, com muita fé, que amam Nossa Senhora Aparecida. E também pessoas com boa formação escolar, com faculdade na área da saúde, com postos importantes no mundo.

Qualquer que seja nossa história, a devoção a Nossa Senhora sempre é simples. Ela não olha para nossa instrução, pois seu Filho também não olha. Ela não se apega ao nosso entendimento do mundo, mas a nossa capacidade de amar e confiar – como ela confiou e amou. Com uma Ave-Maria, com uma vela acesa com devoção, com uma flor em um altar caseiro, com um simples tocar no terço, ela já está feliz e nos ampara.

A devoção a Maria nos convida à simplicidade. Assim, optamos por manter, em cada testemunho, apenas o primeiro nome e a cidade, para deixar, ao mesmo tempo, um pouco de identidade pessoal e um pouco de sigilo. Os nomes de algumas pessoas citadas foram alterados, para preservá-las. O mais importante é que Nossa Senhora conhece cada um de nós: por nosso nome, por nossa história, pelo amor e gratidão que está em nosso coração.

Quando encerro as sessões com os grupos de terapia, agradeço aos meus pacientes terem compartilhado comigo suas vidas. O que poderia ser um psicólogo sem pacientes?! A participação deles em minha vida é tão importante, que acho que eles nem sabem; dentro do possível eu os ajudo, mas, às vezes, eles me ajudam muito mais!

Assim, hoje, agradeço a todos que colaboraram com este pequeno livro. Agradeço por compartilharem sua devoção e seus pequenos milagres cotidianos comigo e com o mundo. Outra coisa que disse ao longo dessas semanas de trabalho é que **testemunhar é amar**.

Imagino a quantas casas, famílias, pessoas transbordantes de alegria mariana, pessoas que acabaram de retornar à Igreja, após algum período difícil, pessoas enlutadas e deprimidas, este livro poderá chegar. Talvez seja dado de presente, talvez seja comprado, talvez seja baixado na internet, talvez seja doado a um bazar ou a uma biblioteca. Sei lá! Eu não sei, nem preciso saber, mas Deus já sabe aonde ele vai e o que poderá fazer pela conversão daqueles que o receberem.

Também agradeço aos meus amigos que não escreveram, qualquer que tenha sido o motivo. Tenho certeza de que todos colaboraram, rezando para que tudo desse certo. E, como podemos aprender por esses testemunhos, a oração sincera nunca deixa de ser ouvida lá nos céus!

Testemunhar é Amar

Nossa Senhora do Santo Equilíbrio

Pe. Giovanni Murazzo

Deixei-me cativar por essa invocação devido a sua origem, relacionada ao bem-aventurado papa Paulo VI.

Aconteceu de ele ir visitar uma das tantas paróquias, lá em Roma. Depois que o Papa terminou a visita, e já de saída, o pároco correu atrás dele, ansioso e desejoso de partilhar uma novidade. Com o coração em festa, disse-lhe: "Santidade, Santidade, fazendo a reforma dessa paróquia, descobrimos uma imagem de Nossa Senhora. Gostaria que o senhor a visse".

O Papa voltou e parou diante da imagem. O pároco comentou: "Foi difícil, mas conseguimos ler o que estava escrito no pedestal: 'Nossa Senhora do Santo Equilíbrio'". Paulo VI abaixou a cabeça, ficou por um momento em oração, e disse: "Vamos ter muita devoção a essa Nossa Senhora, porque é dela que precisamos neste tempo conciliar!"

Sabemos como, no tempo pós-Concílio Vaticano II, o Divino Espírito Santo "sacudiu" fortemente o povo de Deus. Por causa dessas fortes "sacudidas", o povo de Deus, "santo e pecador", algumas vezes perdeu o equilíbrio e passou pela mesma experiência de São Paulo: *Estou ciente que o bem não habita em mim. Pois querer o bem está ao meu alcance, mas faço o mal que não quero. Infeliz que eu sou! Quem me libertará deste corpo de morte? Basta-te a minha graça"* (Rm 7,18-19.24).

Eu gostaria também de partilhar a seguinte experiência eclesial: Nos anos 1970, o famoso padre Arrupe, superior geral dos jesuítas, veio ao Brasil, para visitar seus confrades. Quando estava no Rio de Janeiro, um jornalista perguntou-lhe: "O senhor veio ao Brasil para chamar a atenção dos jesuítas 'progressistas', da teologia da libertação?"

Padre Arrupe respondeu: "Eu vim ao Brasil para pegar, com uma mão, os jesuítas que correm demais e, com a outra mão, os Jesuítas que andam muito devagar, para ajudá-los a caminhar juntos!"

Maravilhosa e sábia resposta... Será que padre Arrupe já era devoto de Nossa Senhora do Santo Equilíbrio? Tenho certeza de que cada um de nós – e todos nós – gostaríamos de ser pessoas equilibradas.

EQUILÍBRIO entre ESCUTAR e FALAR: A Divina Providência nos deu dois ouvidos e uma só língua. Será que conseguimos, em nosso dia a dia, dedicar mais tempo para escutar e menos para falar?

EQUILÍBRIO entre TRABALHAR e DESCANSAR: Sabemos aceitar as observações ou questionamentos dos familiares ou das pessoas amigas a respeito de nossas formas de desequilíbrio?

EQUILÍBRIO entre AS DUAS FAMÍLIAS: A família de sangue e a família do coração. Conseguimos dar tempo, valor e carinho a uma e a outra? Conseguimos lembrar as sábias palavras de Jesus, nosso Mestre: "Uma coisa é preciso: Fazer, e a outra é: Não omitir!"

EQUILÍBRIO entre ORAÇÃO PESSOAL e ORAÇÃO COMUNITÁRIA: Temos consciência do valor, da importância e da interdependência das duas dimensões?

* EQUILÍBRIO entre CONTEMPLAÇÃO (Maria) e SERVIÇO (Marta): Estamos a caminho para harmonizar essas duas atitudes?

* EQUILÍBRIO entre OS DOIS DISCURSOS DE JESUS: O das Bem-aventuranças (Mt 5,1-12) e o do Juízo Final (Mt 25,31-46): Conseguimos ser fiéis à desafiadora utopia das Bem-aventuranças e à dura realidade do nosso "último vestibular?"

* EQUILÍBRIO entre OS DOIS TESTAMENTOS DE JESUS: O da Última Ceia (Jo 15,12-15) e da Ascensão (Mt 28,16-20). Conseguimos levar a sério a bênção do testamento da intimidade/amizade e a bênção do testamento da universalidade/solidariedade?

Além dessas sete formas de EQUILÍBRIO, existem muitas outras que nos desafiam em nosso dia a dia.

Para buscarmos e tentarmos alcançar o equilíbrio, o mais e melhor possível, podemos contar com a preciosa e valiosa intercessão de **Nossa Senhora do Santo Equilíbrio.**

Maria

Everson – México

Desde pequeno, fui educado e conservei, em meu coração, um grande amor por Nossa Senhora. Posso dizer também que, sem dúvida, ela sempre esteve junto a mim na caminhada, suavizando o caminhar, animando e alegrando o andar, bem como apontando para a meta, que é Cristo.

Conheço vários títulos dedicados a ela, porém, acredito que o mais belo de todos seja seu nome: "*E o nome da virgem era Maria*" (Lc 1,27).

No hebraico, *Myriam* significa "*senhora soberana*".

No sânscrito, *Maryáh* quer dizer, literalmente, "*a pureza*", "*a virtude*", e, inclusive, "*a virgindade*".

A raiz egípcia "*mry*", que significa "*amar*", também poderia ser a raiz do nome Maria.

Maria: nome que foi pronunciado tantas vezes pelos lábios de Jesus! Maria: nome que foi pronunciado pela saudação de anjos! Maria: nome que nos salva dos perigos e nos leva a Jesus!

Nossa Senhora da Estrada

Padre Alfiero, sacerdote xaveriano – Hortolândia, SP

Por que viajar sozinho, quando é possível ter uma Mãe que, caminhando a meu lado, pode me aconselhar, abençoar e proteger?

Foi o fundador de minha Congregação a me indicar essa possibilidade, quando ele mesmo descobriu a "*Madonna della Strada*", a Nossa Senhora da Estrada, retratada em uma pintura encontrada pelos primeiros jesuítas perto da casa onde se hospedaram em sua chegada a Roma, em 1537. Entre eles, estava São Francisco Xavier.

Ao iniciar sua aventura missionária, São Francisco Xavier rezou aos pés daquela imagem e consagrou suas andanças apostólicas pelas estradas do mundo a Maria, Nossa Senhora da Estrada.

São Guido Maria Conforti, ao saber desses acontecimentos, mandou pintar uma cópia da imagem e a enviou aos xaverianos que estavam na China. Esse ícone é hoje venerado no santuário São Guido Maria, em Parma, na Itália.

Maria da Estrada é lembrada em uma de suas atividades mais significativas: andou pelas estradas do Norte ao Sul de seu país para visitar Isabel, para ir ao templo, para estar aos pés da cruz; andou pelas estradas consulares e desérticas, para ir ao Egito...

É bonito e dá segurança iniciar uma viagem rezando:

Maria, mãe dos caminhantes,
Caminhaste pelos montes da Judeia
levando, solícita, Jesus e sua alegria.
Caminhaste de Nazaré a Belém,
onde nasceu teu Menino, o Senhor nosso.
Caminhaste pelas estradas que levam ao Egito,
a fim de salvar o Filho do Altíssimo.
Caminhaste pelo caminho do sofrimento no Calvário,
e recebeste-nos com coração de mãe.
Mãe querida, nós te pedimos,
continua a caminhar conosco em nossas estradas e rodovias.
Protege todos os que nelas viajam.
Sê companheira, em particular, dos missionários de teu Filho
que, pelas estradas do mundo, querem, como tu, Arca da Aliança,
levar Jesus a todos os povos, seu Evangelho e sua alegria.
Amém.

Ou ainda:

Deus Pai, todo-poderoso, cheio de bondade e misericórdia, que guardastes, são e salvo, Abraão em todas as suas peregrinações, e indicastes, pela estrela, o caminho aos magos em visita ao vosso Filho, dignai-vos ser companheiro também de vossos servos. Sede, para nós, guia, conforto e alegria. Pela intercessão de Maria, nossa mãe, e de São Cristóvão, concedei-nos uma viagem feliz. Com vossa proteção, ó Pai, e em companhia de nossa Mãe, possamos chegar sãos e salvos a nosso destino e garantir também um feliz retorno. Por Cristo Nosso Senhor. Amém.

Mãe da Igreja

Rosemeire – Piracicaba, SP

Deixei-me cativar por essa invocação, pela ação que pude sentir em minha vida: a Mãe cuida incansavelmente de toda a Igreja, com todo o amor e carinho.

Tenho muito orgulho de ter nascido em berço católico; Igreja que tem uma Mãe! Mãe que não abandona nenhum de seus filhos. Mãe que intercede por nós sem cessar. Mãe que é a medianeira de todas as graças.

Lembro-me das viagens que minha família fazia ao santuário de Nossa Senhora Aparecida, desde que eu era muito pequena. Para meus pais decidirem ir até lá não precisavam de muito tempo: o planejamento acontecia de um dia para outro, e íamos muitas vezes por ano.

Recordo-me também que meu pai tinha uma caminhonete. Muitas vezes, ele fazia assentos com tábuas, na carroceria, a qual cobria com lona, e levava muitos parentes próximos. Ir à casa da Mãe era motivo de grande alegria para todos nós.

Minha mãe é muito devota de Nossa Senhora. Penso que essa devoção potencialize o amparo, a proteção e a presença muito forte de Nossa Senhora na vida de cada um de meus familiares. Lembro-me de ter recebido, certa vez, oração de um servo da Renovação Carismática Católica, o qual me disse: "É muito forte a presença de Nossa Senhora a seu lado".

Em 23 de dezembro de 2013, sofri um grave acidente de automóvel. Minha irmã, Rosane, relatou o seguinte, sobre o momento em que me viu: "Quando cheguei perto de minha irmã, fiquei muito abalada. Ela estava bastante inchada, entubada e com muito sangue pelo corpo. Na hora, eu não sabia o que fazer. Só me lembro de ter dito, bem perto dela, que era muito amada, que estaríamos em oração por ela, e que fosse forte. Naquele momento, supliquei, dizendo: *Nossa Senhora, nós não podemos ficar ao lado dela, mas a Senhora pode. Por favor, acompanhe-a em todos os momentos e interceda junto a seu Filho, para que possa cuidar dela'''*.

Enquanto eu estava internada, soube que minha mãe ia ao hospital e aguardava na fila de visitas da UTI com o terço na mão; ela nunca desistiu de pedir a intercessão de Nossa Senhora por minha recuperação. Em uma das vezes que recebeu, do médico da UTI, notícias negativas a meu respeito, ela lhe disse: "Eu tenho fé em Nossa Senhora!" O médico respondeu: "Tenha fé, mas mantenha seus pés bem firmes no chão". Mesmo assim, minha mãe não desacreditou e permaneceu firme, rezando sem cessar.

Naquela época, meu pai também começou a rezar o Terço da Misericórdia diariamente, às 15 horas, e o Terço Mariano, às 18 horas, pedindo por mim. Ele continua rezando até hoje, para agradecer minha recuperação e por outras intenções.

Eu, debilitada, estive impossibilitada de pedir por mim mesma, mas tive a graça de ter meus familiares, padres, amigos, e grupos de oração rezando por minha recuperação. Tenho certeza de que Nossa Senhora intercedeu junto a seu Filho Jesus. Eles ouviram as preces de todos e a graça começou a acontecer.

A medicina não apostava em minhas chances de sobreviver, mas, com o passar do tempo, tanto eu quanto as pessoas próximas a mim pudemos perceber nitidamente uma sequência de milagres acontecer comigo. Atribuo isso à intercessão de Nossa Senhora e aos cuidados de seu Filho Jesus. Dia após dia, fui reagindo, surpreendendo a medicina e adquirindo novamente os movimentos.

Quando já me encontrava parcialmente recuperada, recebi o convite de meus tios (irmão de minha mãe e sua esposa) para irmos, de carro, ao santuário de Nossa Senhora Aparecida. Minha mãe e eu fomos, com muito prazer! Eu ainda não andava bem, e durante todo o tempo lá no santuário, foi meu tio quem me conduziu, na cadeira de rodas. Voltar à casa da Mãe foi um momento de muita emoção e alegria. Bem antes do tempo esperado, eu pude agradecer-lhe a poderosa intercessão recebida.

Sinto também que Deus não deixa obra alguma inacabada, e estou "em acabamento" agora. Tenho sentido novamente a intercessão de Nossa Senhora, bem como o poderoso agir de Deus: a partir de 2016, por meio de cirurgias, foram eliminadas algumas limitações de meu lado esquerdo, e o movimento do tornozelo e dos dedos do pé melhorou. Estou confiante quanto à cirurgia da mão: há possibilidade de recuperação dos movimentos finos. Ainda não está confirmado, mas devo passar por processo de reabilitação, com terapia ocupacional. Percebo, porém, melhora dos movimentos, e o médico acredita que exista essa possibilidade. Já estou dando glórias a Deus! Caso se confirme a reabilitação dos movimentos finos da mão, restarão apenas duas sequelas definitivas de meu lado esquerdo. Não tenho movimento de pronação e supinação (girar o braço para o lado direito e esquerdo), e fiquei com a perna 2,3 cm mais curta; essas limitações que ficaram são muito pequenas, diante do que poderia ter acontecido. Com a intercessão da Mãe, com a graça de Deus e o poder da oração, considero que sou um grande e verdadeiro milagre de Deus!

Em vista de todos os fatos narrados, sinto que posso fazer esta declaração: **Eu sou um milagre!**

Nossa Senhora das Graças

Rosilene – Londrina, PR

Minha experiência mariana começou desde criança, com minha mãe, que era muito devota de Nossa Senhora Aparecida. Cresci ouvindo os relatos de graças alcançadas por intercessão da mãe de Deus e nossa.

Fui batizada na cidade de Londrina, em 1976, na paróquia Nossa Senhora Aparecida. Essa Igreja foi elevada a santuário em 1997. Sou católica praticante e trabalho no santuário, "diretamente com Nossa Senhora", acompanhando peregrinações, missas, devotos.

A maior experiência mariana que tive ocorreu em novembro de 2005. Minha filha, Stephani, estava com cinco anos e era portadora de hemangioma cavernoso, uma deformidade vascular na face. Fui a São Paulo à procura de um tratamento mais adequado, pois ela já passara por todos os tratamentos disponíveis aqui em Londrina.

Angustiada e cansada de tantos tratamentos desde que minha filha nascera – tratamentos agressivos, dolorosos e sem resultados –, marquei uma consulta para ela, pelo plano de saúde, no hospital A.C. Camargo. No dia da viagem, antes de embarcarmos, comprei-lhe uma pequena imagem de Nossa Senhora das Graças.

No momento de o convênio liberar a consulta, fui informada de que aquele hospital não era conveniado ao plano de saúde. Eu não tinha o dinheiro para pagar por atendimento particular; o desespero caiu sobre mim, pois ali estava nossa esperança de um tratamento bem-sucedido.

Ao ver minha aflição, uma senhora, bem idosa, aproximou-se e colocou, na palma de minha mão, uma medalha de Nossa Senhora das Graças. Em meu desespero, pedi que Nossa Senhora passasse à frente de tudo. Uma hora depois, a médica chamou-me, para conversar comigo. Ao entrar no consultório, vi, atrás dela, como que dois tecidos, nas cores branca e azul; a paz reinava naquele lugar. A médica fez a consulta sem cobrar nada.

Deus sabia que o tratamento correto teria que ser feito em São Paulo. Com a graça de Deus e a intercessão de Maria, sob o título de Nossa Senhora das Graças, foi realizado todo o tratamento indicado para o caso. Na época em que Stephani precisava fazer cirurgias, ela entrava no centro cirúrgico com as duas mãos fechadas e dizia que segurava, em uma das mãos, Papai do Céu, e na outra, Mamãe do Céu.

Depois de todo o sofrimento por que passamos, ela está totalmente curada do hemangioma e também é muito devota de Nossa Senhora.

A Mãe de Deus cuida de tudo: Mãe Rainha, rogai por nós!

Lucelena – Hortolândia, SP

No dia 22 de junho de 2016, Geraldo, meu esposo, sentiu-se mal no serviço. Com uma dor de cabeça muito forte, dirigiu-se ao ambulatório médico, a fim de pedir um remédio. Lá chegando, começou a sentir que estava perdendo os movimentos e a fala. O enfermeiro deitou-o no chão, levantou-lhe as pernas e, aos poucos, seus movimentos e a fala voltaram. O enfermeiro disse que havia suspeita de AVC e telefonou pedindo o envio de uma ambulância. Enquanto aguardavam a chegada do veículo, Geraldo telefonou-me, contando o acontecido.

Eu trabalho na secretaria paroquial, ao lado da capela. Fui até a igreja, ajoelhei-me diante do Santíssimo e pedi para que Jesus e a Mãe Rainha iluminassem o hospital para onde Geraldo seria levado. Eu mal conseguia rezar... Em seguida, fui buscar minha filha Letícia na escola e, com dois amigos, fomos até o hospital.

Quando lá chegamos, meu esposo estava consciente. A médica nos disse que provavelmente ele sofrera um AVC transitório, mas seria preciso fazer uma tomografia. Além disso, ficaria internado por dois dias na UTI, em observação; pois, nas primeiras 48 horas há um risco grande de se repetir o AVC. Eu me sentia como se tivessem tirado o chão de meus pés. Deus, porém, nos dá forças; tranquilizei a Letícia e pedi-lhe que voltasse para casa com nossos amigos.

Acompanhei meu esposo na realização da tomografia, sempre rezando e pedindo a intercessão da Mãe. Graças a Deus, o resultado mostrou que não havia sequelas.

Em casa, à noite, Letícia e eu nos ajoelhamos diante do quadro da Mãe Rainha e rezamos esta oração: "*Confio em teu poder, em tua bondade. Em ti confio com filialidade. Confio cegamente em toda situação, Mãe, em teu Filho, e em tua proteção*". Entregamos o Geraldo, na certeza de que a Mãe de Deus estava cuidando dele, e fomos dormir.

Nos dois dias que passou na UTI, a pressão dele oscilava, mas aos poucos se normalizou. No final do segundo dia, após nova tomografia, ele pôde ir para o quarto. Recebeu, então, a visita do padre Giovanni, missionário xaveriano e nosso amigo.

Com a graça de Deus e a intercessão da Mãe Rainha, dois dias mais tarde, Geraldo recebeu alta, sem sequelas! Só precisaria ser acompanhado pelo cardiologista. Já em casa, no mesmo dia, recebemos a visita da imagem da Mãe Infantojuvenil e do grupo de jovens Kairós, que rezou o terço.

Geraldo hoje leva uma vida normal; voltou a trabalhar e mudou seus hábitos alimentares.

Seja qual for a situação em que você esteja vivendo, tenha certeza: **a Mãe de Deus cuida de tudo.**

Nossa Senhora Aparecida, Mãezinha do Céu

Cirineu – Piraju, SP

Fui criado em uma família que sempre teve forte devoção a Nossa Senhora Aparecida. Mesmo morando no sítio, e com todas as dificuldades, sempre tivemos fé em Nossa Senhora Aparecida, nossa Mãezinha do Céu.

Quando eu tinha uns 10 anos, viajava diariamente à cidade, com minha irmã mais velha, para estudar. Estudávamos na parte da manhã e retornávamos ao sítio na hora do almoço. Eventualmente, quando meu pai ia à cidade para fazer compras, nós nos encontrávamos com ele após as aulas e voltávamos juntos para casa.

Certa vez, combinamos com meu pai de esperá-lo após as aulas. Quando chegou, percebemos que estava todo machucado. Então, ele nos contou o que havia ocorrido na parte da manhã.

Meu pai tinha um cavalo e, com uma corda na mão, saíra para buscá-lo no pasto. Lá chegando, fez uma laçada e o pegou. Um primo de meu pai, que também tinha um cavalo no mesmo pasto, chegou naquele momento e pediu-lhe que tentasse pegar seu animal com a outra ponta da corda. Meu pai, querendo ser prestativo, fez uma laçada na outra ponta da corda. No entanto, o cavalo que meu pai tinha prendido, por algum motivo assustou-se e começou a correr. Com a corda nas mãos, meu pai tentava controlá-lo, porém, alguns metros adiante, percebeu que sua perna estava presa na segunda laçada. Ao tentar se desvencilhar, caiu e passou a ser arrastado pelo cavalo que, cada vez mais assustado, corria e corria, estrada afora.

Uns 100 metros à frente, havia um mata-burros. Ao percebê-lo, o cavalo, ainda correndo, adentrou um bosque que havia nas margens da estrada. Naquele instante, meu pai esticou a perna contra o barranco, gritou pela intercessão de Nossa Senhora Aparecida, e a corda se rompeu.

Hoje, ele tem 77 anos; sempre fomos e somos uma família bastante unida. Eu sempre me pergunto como nossa vida seria diferente e muito mais difícil se não fosse por aquele milagre, pela intercessão da Mãezinha Aparecida em salvar meu pai daquele terrível acidente.

Santa Mãe de Deus

Erika – São Paulo, SP

No dia 5 de agosto de 2012, meu pai sofreu um AVC e ficou com o lado esquerdo paralisado. A primeira pessoa a visitá-lo no hospital, antes mesmo da família, foi o então pároco de nossa comunidade, padre Ari Ribeiro. O horário de visita coincidia com o da missa. Mesmo assim, foi visitar meu pai, atrasando a missa; ficamos muito gratos por isso.

Depois, foi a vez da minha irmã, Eliane. Ela perguntou, na Emergência, onde estava meu pai, e um funcionário respondeu: "O agitadinho?" Ela disse: "Não sei, é o Josias". O funcionário respondeu: "É ele, e está amarrado porque não para quieto".

Meu pai sempre foi um homem independente, que só fazia o que queria. Encontrar-se em uma situação dessas não deve ter sido fácil para ele. Quando Eliane chegou perto dele, notou seu olhar distante; ele não falava, não respondia.

O funcionário (um anjo, como ela diz) jogou uma caneta perto dela, para que a devolvesse a ele. Na verdade, era para lhe dizer, disfarçadamente, que o médico estava ali perto, que ela perguntasse sobre meu pai. O doutor fingiu que não era o médico dele e disse a Eliane para falar mais tarde com o médico certo, pois meu pai tivera um coágulo. Minha irmã, que não entende nada de medicina, ficou desesperada, porque o médico não quis explicar o que isso significava.

Então, ela foi até meu pai e lhe disse: "Pai, o senhor está com algum problema que não sei o que é, mas nós temos fé que vai sarar; vamos rezar muito, agora". Ela fez uma oração em voz alta, pedindo muito que Nossa Senhora cuidasse dele, fizesse um milagre, agisse nele. Então, a boca dele se abriu (parecia como se estivesse grudada com sangue), e minha irmã sentiu que havia recebido um milagre.

Eu estava esperando que ela descesse, para que eu pudesse subir e ver meu pai. Quando me encontrou, disse-me: "Não se assuste, o pai está muito ruim, não está falando, mas não se assuste". Eu pensei: "Ok", e subi.

Quando o vi, ele estava se sacudindo, então falei: "Pai, fique tranquilo, logo logo o senhor vai sarar e vai sair daqui", ao que me respondeu: "Eu não estou doente!"

Meu pai sempre foi um homem direto, de poucas palavras e nada carinhoso; ou seja, se já estava dando "patada", é porque estava bem. De fato, doença – por vírus, bactéria, fungo – ele não tinha. Quando saí, encontrei minha irmã e contei-lhe o que ele dissera. Ela quase não acreditou, dizendo que não era possível, pois ele estava muito mal.

Desde então, foi milagre após milagre. Meu pai veio para casa com sonda de alimentação, não se sentava e falava muito pouco. Hoje em dia, já come de tudo, e sozinho. Ele ainda não anda e não mexe um braço, mas é devido à idade e por não gostar de fazer fisioterapia.

Levo tudo na base de minha fé, pois não é fácil ter uma pessoa nessas condições em casa. Surgem muitos problemas de convivência entre os familiares, mas, tendo Deus à frente, tudo é possível.

Nossa Senhora Aparecida

Aérica – Rio Claro, SP

A devoção a Nossa Senhora não é algo recente em minha vida. Uma das lembranças de infância que tenho é a de minha mãe ensinando-me a cantar *"Mãezinha do céu, eu não sei rezar; eu só sei dizer: Eu quero te amar"*. Talvez essa seja a mais doce lembrança daquela fase, além de ser o início de uma devoção e confiança naquela que me levou até o Filho e até o Pai.

Assim, falar de minha devoção a Nossa Senhora é falar de minha relação com minha mãe, mulher de muita fé, que me guiou nos ensinamentos bíblicos, mostrando-me que, além de seu amor de mãe, temos também outra Mãe, a qual, assim como ela, intercede por nós junto ao Pai, amparando-nos e nos dando colo, com muito afeto e ternura.

Lembro-me dos vários depoimentos de minha mãe. A intercessão de Nossa Senhora Aparecida a levou a alcançar muitas graças, como a cura de uma doença – diagnosticada como incurável – de minha irmã mais velha, e emprego para meu pai. Cresci ouvindo esses depoimentos, o que fez aumentar, cada vez mais, minha devoção a Nossa Senhora.

Quando adolescente, lembro-me de ter entrado na igreja muitas vezes e ido até a imagem de Nossa Senhora Aparecida, humildemente, rezando uma Salve, Rainha, com a certeza de que ela intercederia junto a Deus Pai por meus pedidos. Sempre que preciso, é à Mãe Maria que recorro, pois sei que, como mãe, não desampara seus filhos amados.

São inúmeros os benefícios dessa santa devoção, e várias são as graças que tenho recebido ao longo da vida. Acredito que a maior delas seja a proteção de minha família e de meus pais. Porém, uma deixou marcas em meu coração, e sempre que falo de minha devoção a Nossa Senhora, é aquela que me vem à memória.

Quando estava terminando a faculdade, entrei em crise, com medo do que fazer após concluir o curso. Por conta disso, desenvolvi uma gastrite nervosa e uma dificuldade imensa de pensar em novas possibilidades. Foi então que setembro chegou, e eu precisei me desligar do estágio que estava realizando. Na época, com a bolsa que recebia, eu ajudava meus pais a pagar minhas despesas com a faculdade. Meu desligamento do estágio deixou-me ainda mais chateada. Decidi recorrer a Nossa Senhora, aquela que é o refúgio dos pecadores e que, apesar de nossos defeitos, sempre intercede por nós.

Era outubro, mês em que comemoramos a aparição da imagem de Nossa Senhora. Então, por meio da reza diária do terço, pedi que intercedesse por mim e que algo aparecesse em minha vida. Aquele foi um mês intenso. Aos poucos, começei a melhorar da gastrite, e a possibilidade de cursar uma pós-graduação e trabalhar em uma faculdade muito respeitada apareceu em meu caminho. Tendo poucas chances de conseguir a vaga, mesmo assim, inscrevi-me e participei do processo seletivo, composto de prova, análise de currículo e entrevista. Havia seis vagas, e o número de inscritos chegava a 114. Pensei em desistir, mas, ao rezar o terço, sentia-me mais forte para participar daquela seleção. Sempre que possível, ia até a igreja e, olhando a imagem de Nossa Senhora Aparecida, rezava minha Salve, Rainha, pedindo sua intercessão.

Certa manhã ensolarada de dezembro, ao verificar o resultado, vi que ficara em 12º lugar. Naquele instante, fiquei decepcionada e muito triste, pois algo em meu coração dizia que eu conseguiria uma daquelas seis vagas. Revoltada, afastei-me da Igreja. No final do mês de janeiro do ano seguinte, resolvi entrar no site para acompanhar a matrícula, e fiquei surpresa: quatro pessoas haviam desistido da vaga, sendo realizada uma segunda chamada, para os colocados até o 10º lugar. Naquele momento, fiquei feliz; mesmo assim, pensava que seria muito difícil uma nova chamada. Em silêncio, fui para meu quarto, peguei o terço e comecei a conversar com Nossa Senhora. Lembrei-me do quanto sua vida fora um testemunho de confiança e fé em Deus e coloquei meu pedido novamente em suas mãos, com a certeza de que, se fosse para meu bem, tudo daria certo.

Passaram-se três dias e entrei no site novamente, para acompanhar se haveria nova chamada. Fiquei surpresa, quando vi que três pessoas não tinham ido fazer a matrícula e uma terceira chamada estava sendo realizada, para os colocados até o 13º lugar. Naquele momento, eu só conseguia agradecer a Deus e a Nossa Senhora, pois sabia que tudo o que estava acontecendo era obra de suas mãos. Após começar o tão sonhado curso, descobri que nunca tinha acontecido de um aluno desistir da vaga, o que reforçou, ainda mais, minha fé e confiança em nossa Mãe.

Muitas vezes, vejo minha mãe rezar o terço, pedindo proteção para mim e meus irmãos. Tudo o que minha mãe falava de sua devoção a Nossa Senhora faz muito sentido em minha vida hoje. Sempre que estou com algum problema, sei que posso confiá-lo nas mãos de Nossa Senhora e pedir por sua intercessão.

Como mãe, Nossa Senhora sempre nos consola, dá-nos alegria e confiança para continuarmos nossa caminhada. Tudo é por Jesus, nada é sem Maria, pois é Ela quem vai à frente e abre nosso coração para receber a graça de desfrutar das bênçãos que vêm do céu.

Estrela do Mar

Padre Adriano, sacerdote xaveriano – Sumaré, SP

A devoção a Maria faz parte de minha caminhada como cristão e como padre missionário. Das aparições de Nossa Senhora, as de Guadalupe e de Aparecida me cativam muito. E o título de Maria que me acompanha é *"Estrela do Mar"*. Um título muito antigo, que ficou consagrado com o hino *"Ave, Maris Stella"*, composto possivelmente no século IX e presente, até hoje, em algumas orações da Liturgia das Horas.

A Estrela do Mar, também conhecida como Estrela Polar, é um ponto de referência fixo no céu, que guiava os pescadores e navegantes, quando à deriva. O mar sempre representou um lugar de perigos e desafios.

Em algumas passagens do Evangelho, vemos a barca dos apóstolos ser ameaçada por ventos e procelas, acalmados somente pela presença do Senhor. Essa barca representa a Igreja, representa nossas famílias, representa nosso coração. Às vezes, navegando nesses mares da vida, encontramos desafios, tempestades que nos dão medo, tiram nossa coragem e fazem-nos desistir de navegar. Maria, com sua força e luz, aponta-nos o caminho e, desde Caná da Galileia, sua voz ecoa em nossos ouvidos dizendo: *"Fazei tudo o que Ele vos disser"*.

Quantas vezes, em minha missão, senti-me atormentado pelos ventos contrários da insegurança, do medo, da doença, das falhas. Como a Estrela do Mar, Maria me apontava o caminho. Ela me dava segurança, mostrava-me a força do amor, apresentava-me Jesus, que me dizia, como aos apóstolos: *"Coragem, sou eu, não tenhais medo!"* E, com Maria, podia tomar a mão de Jesus uma vez mais e recomeçar minha caminhada, com a alegria de quem é amado.

Várias representações foram feitas de Maria Estrela do Mar. Eu gostei muito da imagem que existe no santuário mariano de Bolonha, na França. Maria tem, em uma de suas mãos, Jesus, que ela apresenta como Caminho, Verdade e Vida; na outra, seu coração, seu amor, totalmente entregue a Deus e à humanidade.

Com Maria, aprendo a ser um discípulo-missionário de Jesus. Aos pés do Mestre, aos poucos, descubro a grandeza do amor de Deus, que transforma o homem, mostrando-lhe o quanto ele é amado e o quanto ele é capaz de amar. Sinto vontade, então, de crescer nesse amor, vencendo, aos poucos, meu egoísmo, julgando menos e perdoando mais, dando passos nas estradas do Evangelho.

Com o *"sim"* de Maria, sinto o ardente desejo de apresentar Jesus ao mundo, para que todos os homens e mulheres tenham a possibilidade de descobrir o verdadeiro rosto de Deus, o de Deus Pai.

Peçamos a intercessão de *"Maris Stella"* por todos os que procuram o caminho de volta para Deus: "Ave, *Maris Stella*, Bendita Mãe de Deus, Fecunda e sempre Virgem, Portal feliz dos Céus. Ouvindo aquele Ave, do anjo Gabriel, mudando de Eva o nome, trazei-nos Paz do Céu. Ao cego iluminai, ao réu livrai também. De todo mal guardai-nos e dai-nos todo o bem. Mostrai ser nossa Mãe, levando nossa voz a quem, por nós nascido, dignou-se vir de vós. Suave mais que todas, ó Virgem sem igual, fazei-nos mansos, puros, guardai-nos contra o mal. Oh!, dai-nos vida pura, guiai-nos para a Luz e um dia, a vosso lado, possamos ver Jesus. Louvor a Deus, o Pai, e ao Filho, Sumo Bem, com seu Divino Espírito, agora e sempre, Amém".

Nossa Senhora Aparecida

Margarida – Hortolândia, SP

Sempre tive muitos sonhos! Desde pequena, um desses sonhos era estudar, para ser "alguém na vida", mas morava com meus pais, em uma fazenda, onde não havia essa possibilidade.

Nunca me conformei com uma vida medíocre e sem estudo. Venci algumas barreiras e passei a morar na cidade aos 20 anos, trabalhando em casa de família, para ter condição de estudar.

Eu trabalhava e morava na casa de uma família indicada por uma amiga. No entanto, após alguns meses, troquei o certo pelo duvidoso e optei por morar com outra família, constituída de uma senhora e um bebê de menos de um aninho. Infelizmente, descobri que foi uma péssima troca, pois a senhora agredia o bebê, era falsa e inventava fofocas sobre mim. Foi um grande tormento, ainda mais porque ela saía de casa diariamente, deixando-me sem poder fazer qualquer telefonema, pois trancava o telefone.

Decidida a encontrar uma nova família para trabalhar e morar, ajoelhei-me e rezei com toda a fé. Pedi a Nossa Senhora Aparecida que eu encontrasse a chave do telefone e um emprego onde as pessoas me tratassem como parte da família. Prometi que, em agradecimento, eu faria uma novena, durante a qual, iria às missas, e rezaria o terço de joelhos, na igreja.

E tão grande foi minha fé, que meu pedido foi atendido. Terminei a oração e fui até o quarto onde ficava o telefone. Procurei no bolso do primeiro paletó em que pus a mão e encontrei a chave. Peguei-a, com muita alegria e fé! Liguei para o número de uma loja que eu havia anotado enquanto ia à escola. Uma moça atendeu o telefone e perguntei-lhe se a loja estava contratando, pois eu estava procurando emprego. Ela disse que chamaria a dona da loja, a qual estava precisando de uma menina para trabalhar na casa dela. A proprietária atendeu ao telefone e marcou entrevista comigo naquele mesmo dia, no horário em que eu iria à escola. Acertamos de eu começar de imediato na casa dela!

Foi uma família abençoada, que Nossa Senhora Aparecida e Nosso Senhor Jesus Cristo colocaram em minha vida. Eles não me tratavam como empregada, mas como filha. Eu não dormia em um quartinho nos fundos da casa, mas no mesmo quarto dos filhos deles!

Lá fiquei até terminar os estudos. Foram anos perfeitos em minha vida. Então, acredito e tenho real certeza de que minha oração, meu pedido feito com tanta fé, foi atendido naquele momento. Depois de já estar morando na casa daquela família abençoada, cumpri minha promessa.

Nossa Senhora do Perpétuo Socorro

Meire – Campinas, SP

Eu havia sido hospitalizada pela segunda vez, estava muito doente. A fim de permitir que todos os exames necessários fossem feitos, os médicos suspenderam totalmente a medicação que eu tomava. Então piorei, fiquei mal, muito mal mesmo.

O médico disse-me para respirar pelo nariz, pois eu só conseguia respirar pela boca, e mandou colocarem em mim a máscara de oxigênio. Foi aí que eu quis morrer, pois quase não conseguia respirar.

À noitinha, minha filha, meu filho e o médico foram até meu leito. Fechei os olhos, quando se aproximaram, e fingi que estava dormindo. Os três ficaram ali conversando. O médico disse a meu filho (que também é médico) que só existia um remédio para mim, mas que não havia em estoque e seria muito difícil obtê-lo, talvez demorasse mais de uma semana antes que fosse recebido no hospital. Antes de irem embora, pegaram minha mão. Abri os olhos e despedi-me deles.

Quando partiram, pensei: "Ah, Jesus, eu quero morrer, eu tenho o direito de morrer, não quero ficar sofrendo assim". Então, fechei os olhos e tive uma visão. Vi direitinho Nossa Senhora do Perpétuo Socorro (conforme a imagem que é mostrada durante a reza do terço que acompanho na TV todo dia, às 18h). Junto a ela, vi também o Menino Jesus, com o cabelo encaracolado, imagem que não é muito costumeira, mas foi a que vi. E repeti: "Quero morrer".

Então, em espírito, fui conduzida por Jesus e Nossa Senhora a um lugar onde havia apenas almas, muitas, chorando, chorando, só faziam chorar. Os dois me disseram: "Olhe, se morrer agora, é aqui que vai ficar. É aqui que você quer ficar?" Imediatamente, respondi: "Não, não quero isso, não".

Naquela hora, voltei a mim e compreendi que apenas Deus pode saber a hora certa em que devemos partir deste mundo. Convenci-me de que minha missão na terra ainda não tinha acabado!

A propósito, meu filho conseguiu – no dia seguinte e sem dificuldade alguma –, o remédio que, supostamente, demoraria mais de uma semana para ser obtido. Eu o tomei de manhãzinha e já à tarde fez efeito.

Depois daquela visão, quando rezo o terço todos os dias, faço uma prece dedicada especialmente às almas que vi: "Ó meu Jesus, perdoai-nos e livrai-nos do fogo do inferno. Levai as almas todas para o céu e socorrei, principalmente, as que mais precisarem".

Agradeço a Jesus e a Nossa Senhora do Perpétuo Socorro essa visão concedida e o consequente livramento!

Nossa Senhora Aparecida

Adriana

Eu sou natural de Cornélio Procópio-PR, e nasci com lábio leporino, ou seja, com o palato todo aberto. Sou a primeira filha, e meus pais e avós não tinham conhecimento algum sobre essa má-formação, porque não é algo genético!

Minha mãe não pôde me amamentar; com isso, meu sofrimento aumentou... Ela, com muito leite, e eu, com muita fome... Um pouco do leite que ela conseguia me dar com uma chuquinha ia para meu ouvido; com isso, sofri fortes dores de ouvido por longo tempo.

Diante de todo esse sofrimento, e sem o auxílio de um profissional para orientá-los, ela fez um pedido a Nossa Senhora Aparecida: que se fechasse meu palato. E, em uma semana, estava todo fechado!

Passei por algumas cirurgias para correção estética no nariz e no lábio. Quando os médicos me avaliaram, perguntaram-me se eu já havia operado o palato e feito fonoaudiologia. Eu disse que nunca tinha feito fonoaudiologia e que meu palato se fechara com uma promessa que minha mãe havia feito quando eu era bebê. Eles olharam um para o outro com olhar incrédulo, mas não disseram nada!

Meus pais e eu somos eternamente gratos a Nossa Mãezinha do Céu pela graça concedida! Salve, Maria!

Nossa Senhora e Mãe Aparecida

Padre Francisco Aparecido (padre Chicão) – Piraju, SP

Recebi um recado, pela internet, para escrever um pequeno testemunho sobre Nossa Senhora, pedido do bom e velho amigo, padre Giovanni Murazzo. Depois de pensar muito, resolvi dar meu testemunho.

Nasci em 2 de janeiro de 1966, dia de São Basílio. Fui batizado no dia de São José, 19 de março. Recebi o sacramento do Crisma e fiz a Primeira Comunhão no dia 8 de dezembro, dia da Imaculada Conceição. Meus pais tiveram treze filhos, oito homens e cinco mulheres, e sou o décimo primeiro filho.

Aprendi a amar Nossa Senhora e, de modo especial, Nossa Senhora Aparecida. Em casa, sempre via minha mãe aos pés da imagem dela, rezando e pedindo por nós. Minha mãe tinha o mesmo nome, Aparecida, e deu-me o nome de Francisco Aparecido para homenagear São Francisco e a Mãe Aparecida. Gosto muito de meu nome e de meus santos onomásticos. Depois, ouvindo o padre Vítor Coelho pela rádio, foram crescendo meu carinho e minha admiração.

Entrando na catequese, aprendi a rezar o terço e fui me tornando um devoto dela cada vez mais. Este ano (2018), se Deus permitir, vou completar, no dia 9 de novembro, 15 anos de minha ordenação. Há 22 anos venho falando diariamente sobre Maria, evangelizando pelas ondas do rádio.

Posso testemunhar o carinho de nosso povo pela Virgem, que é Mãe amiga, protetora, defensora de nosso povo. Sabemos que podemos contar com a ajuda e intercessão de Maria.

Depois de ser padre em duas paróquias na diocese de Santo Amaro (Dom Bosco, São Francisco e São Rafael), tenho a graça de ser pároco da paróquia Nossa Senhora Aparecida, no parque Grajaú. Foi ali que rezei minha primeira missa como padre. Agora, voltei e estou aqui, no Ano Mariano, celebrando estes 300 anos de graças! Nossa paróquia prepara-se, ainda, para celebrar 50 anos nesta região.

Também, aqui, sou testemunha das graças alcançadas por intermédio de nossa Mãe Aparecida. Somos um bairro pobre, cheio de gente. Gente de fé e de esperança. Diante da Mãe, são numerosos os filhos que aqui vêm todos os dias para rezar o terço, participar das missas, pedir e agradecer. Neste cantinho da zona sul de São Paulo, há quase 50 anos, Maria tem sido, para muitos de nós, Mãe de presença firme na vida de seus filhos e filhas.

Sou testemunha de muitas curas, de graças que recebemos a cada dia. Com gratidão, vejo nosso povo enfeitar os pés da imagem da Mãe Aparecida com muitas flores e preces. Nestes três anos e meio que aqui estou, não passou um domingo sem que a imagem de Nossa Senhora Aparecida estivesse enfeitada com flores belíssimas, sinal de gratidão e reconhecimento à Mãe.

Nem temos como não ser gratos a Nossa Senhora, por tudo. Minha bênção a todos que lerem esta mensagem, com carinho.

Nossa Senhora das Graças

Isabel Maria e Márcio – Piraju, SP

Somos casados há 19 anos, moramos na cidade de Piraju e pertencemos à paróquia de São Sebastião. Somos atuantes na Comunidade Sagrado Coração de Jesus.

Na época de juventude, éramos do grupo de jovens e fizemos opção por um namoro cristão. Ao nos casarmos, nós nos deparamos com a dificuldade de engravidar. Fazíamos parte do CEIFAR (Centro de Integração Familiar), com a opção pelo método natural. Depois de várias tentativas naturais sem obter resultados, procuramos ajuda médica e, mais uma vez, não tivemos sucesso.

Pela devoção que temos a Nossa Senhora das Graças, em novembro de 2001, participamos da missa e procissão em homenagem a Ela, na comunidade onde é Padroeira. Após a missa, recebemos a Medalha Milagrosa, e o sacerdote falou-nos para fazermos um pedido com bastante fé. Para pedirmos algo impossível de ser alcançado e acreditarmos na intercessão de Nossa Senhora. Sem saber, meu marido e eu fizemos o mesmo pedido, o de sermos agraciados com um filho.

Passadas algumas semanas, fomos ao médico novamente, para começar novo tratamento. Depois de vários exames, ele nos receitou um remédio. Conversando com os instrutores do CEIFAR, julgamos melhor fazer um exame de gravidez, para tirar a dúvida, pois o remédio era abortivo. E a grande surpresa: eu estava grávida! Uma gravidez abençoada, um menino. Quando ele nasceu, percebemos a grande graça, pois era para ter nascido no final de julho, mas o médico pediu que aguardássemos, esperando pela possibilidade de um parto normal. E nosso filho nasceu de parto normal, em 15 de agosto de 2002, dia da Assunção de Nossa Senhora!

Hoje, temos três filhos: Felipe, o primeiro, com 15 anos; Mateus, com 13 anos; e João Paulo, com 6 anos. Todos nascidos de parto normal, embora eu tenha ovário micropolicístico e útero retrovertido.

O que, pela medicina, parece ser impossível, para Deus não é! Ainda mais com a intercessão de Nossa Senhora, para nós, com o título de Nossa Senhora das Graças.

Nossa Senhora Aparecida

Maria – Hortolândia, SP

Nossa Senhora sempre me ajuda e sempre a invoquei para me livrar de todo o mal! Já recebi vários milagres. Aprendi a invocação de Nossa Senhora com minha finada mãe, Maria, que era muito devota.

O primeiro milagre foi o de me casar e ter o primeiro filho, Raphael, que é uma bênção. Ele foi apresentado no santuário da Mãe Rainha do Jaraguá, em São Paulo. Quando ele estava com três anos, eu passei mal e comecei a inchar, tive hemorragia e dor, que aumentava a cada dia, causada por um cisto. Em 45 dias eu já estava sendo operada, mas, quando o cirurgião me abriu, viu que era um cisto diferente. Então, sem ter como se comunicar com alguém de minha família, o médico teve que retirar meu ovário, pois não seria possível extrair somente o cisto.

Dois dias depois, eu soube que meu ovário havia sido retirado; fiquei triste, mas pedi a Nossa Senhora que me desse força. Quando recebi o resultado da biópsia, era câncer, porém benigno! Mesmo assim, o médico disse que eu iria ter dificuldades e, talvez, não pudesse ser mãe outra vez. No entanto, eu tive fé, porque já dera à luz um filho.

Alguns anos depois, engravidei; porém, fiz um plano e Deus fez outro. Para minha tristeza, perdi o bebê, após três meses e meio de gestação... Por negligência médica, o bebê morreu e ficou alguns dias morto dentro de mim, o que complicou minha saúde. Quando retirado, apareceu novo câncer, mais uma provação de fé. Fui encaminhada à oncologia, para fazer tratamento; toda terça-feira eu estava lá, naquele lugar triste. Tive alta, e fiquei muito triste e insegura com relação a minha fé. Eu até havia me afastado da Igreja, chegando a pensar que Nossa Senhora me abandonara. Mesmo assim, não desisti, e passei a ir, todo ano, à casa da Mãe Rainha, em Aparecida. Comecei a pedir e, ao mesmo tempo, a agradecer por minha vida!

Eu continuava ainda muito triste, sabendo que somente um milagre, para que eu pudesse engravidar novamente. Comecei a falar a Nossa Senhora que desejava ter outro filho. Fiz-lhe um voto: prometi que, se fosse curada e tivesse um filho, rezaria mais frequentemente o terço, não apenas de vez em quando. E Nossa Senhora ajudou-me! Concedeu o grande milagre de minha vida, que foi dar a vida, para surpresa de todos, inclusive da equipe médica, que dissera ser difícil eu engravidar outra vez. E, como se diz: "Deus tarda, mas não falha", veio ao mundo Aparecido, que é uma bênção, para provar que Deus é mais. Por isso, digo: "Eu sou a mãe mais feliz do mundo!"

Nossa Senhora deu-me esse filho dez dias antes de eu completar 40 anos, após cinco anos de tentativas, pois nada é coincidência, tudo é Providência. Desde que meu filho nasceu, rezo o terço todos os dias e o rezarei até morrer.

O que mais me ajudou foi continuar acreditando que tudo o que pedisse a Nossa Senhora ela me concederia. Meu filho hoje tem 13 anos, é coroinha, para a honra e glória de Nossa Senhora, é devoto e tem uma fé inabalável! E ele tem seu próprio milagre para contar, também. Com dois anos, teve pneumonia duas vezes, precisando passar por procedimentos cirúrgicos. Cresceu dependente de tratamentos, tomando medicamentos fortes e caros, além de fazer fisioterapia respiratória. Mesmo assim, sofria crises e precisava voltar ao centro cirúrgico, precisava de balão de oxigênio... Nem mesmo podia fazer educação física na escola.

Contei a ele sua história, que havia sido abençoado ainda em meu ventre, e lhe disse que ficaria curado. Fiz a promessa de levá-lo todos os anos a Aparecida e acender uma vela de seu tamanho. Fiz isso até ele ter nove anos; então, tudo começou a melhorar. Ele fez uma revisão médica e pôde voltar a fazer exercícios físicos, com cautela. Como já estava bem melhor, foi convidado, pelo padre Crispim, a ser coroinha. Ele mesmo já invocava Jesus e Nossa Senhora para livrá-lo do mal e curá-lo; pedia que pudesse jogar bola, andar de bicicleta, fazer educação física. Eu lhe dizia para ter fé, que ficaria curado.

Para confirmar sua cura, em maio de 2016, Aparecido resolveu realizar o sonho de participar de uma corrida! Fiquei com medo, mas o inscrevi e fui com ele, que estava com muita fé e vontade de vencer! Jesus e Nossa Senhora o guiaram e ele conseguiu correr sete quilômetros! Muitos adultos desistiram, mas ele conseguiu! Ganhou a medalha de primeiro lugar, e foi a primeira criança a representar nossa cidade. Ele ficou ainda mais feliz porque, ali, ninguém sabia de seu problema, apenas Deus. Amém!

Nossa Senhora da Piedade

Amilton – Hortolândia, SP

O dia 25 de julho de 2009 foi o segundo dia de minha formação como Agente da Pastoral da Sobriedade. Na palestra da manhã, foi feita a introdução da imagem de Nossa Senhora da Piedade, colocada sobre uma mesa usada pelo palestrante. Ele disse aos agentes que fizessem seus pedidos à *Pietá*, como é conhecida, que Ela iria interceder junto a seu filho Jesus.

Fiquei muito emocionado e, diante da imagem, clamei por misericórdia. Havia abandonado a bebida há dois anos, mas colocara, em seu lugar, o cigarro... De um maço, passei a fumar mais de dois maços, diariamente.

Veio o intervalo do café. Quando já me preparava para acender o cigarro, o chefe da cozinha, "seu" Chicão, disse a meu companheiro que ele deveria abandonar o vício, que um bom Agente tem que dar bons exemplos. Ele respondeu que iria pedir a intercessão de Nossa Senhora da Piedade para deixar o vício.

Enfim, tudo que "seu" Chicão disse a meu companheiro serviu para mim. Afastei-me, como se tivesse levado uma facada no peito... No primeiro cesto de lixo que encontrei, joguei o maço de cigarro fora e pedi a intercessão da *Pietá*.

Já faz mais de oito anos que abandonei o vício. Essa graça aconteceu em minha vida depois de 33 anos de escravidão no tabagismo!

Amém! Amém! Amém!

María, nossa Mãe Amada!

Marília – Marília, SP

Eu sou Marília, nascida na cidade de Marília, e casada com Welman, desde 18 de abril de 1980.

Em dezembro de 1982, eu estava grávida de dois meses do segundo filho e fizemos uma viagem de Araçatuba, onde morávamos, até a casa de minha avó, em São Paulo. Nosso primogênito, Eduardo, então com dez meses de idade, foi conosco; durante a viagem de nove horas, foi acometido de febre. Chegando a São Paulo, fomos ao consultório do Dr. T. Lerner. Assim que nos atendeu, disse que nosso filho poderia estar com rubéola. Como avisei ao médico que eu estava grávida de dois meses, o Dr. Lerner falou que gostaria de confirmar o diagnóstico no dia seguinte, à luz do dia.

No dia seguinte, ele confirmou a doença e orientou-me a fazer uma corrente de oração, pedindo que o bebê não tivesse problemas. Ficamos muito preocupados e angustiados, pois sabemos das sequelas para o bebê quando a mãe tem rubéola nos primeiros meses de gestação.

Assim, telefonei para toda a nossa família (avós, tios, primos, tios-avós), pedindo-lhes orações, para que Nossa Senhora intercedesse junto ao Pai, para que nosso filho não tivesse problemas com relação à doença.

Após um mês, o Dr. Lerner pediu-me que fizesse dois exames, com diferença de quinze dias cada, para saber se eu contraíra rubéola. Os resultados mostraram que eu já possuía anticorpos. Apesar de não entendermos o motivo da existência dos anticorpos (eu nunca tivera rubéola), ficamos tranquilos.

Nosso filho nasceu em 8 de julho de 1983, sem sequela alguma da rubéola. Após quatro anos, no início de dezembro de 1987, nossa sobrinha, ainda bebê, dormiu em nossa cama, a meu lado. Ela estava com febre e com rubéola. Naquele Natal, para surpresa de todos, tive rubéola. Não dava para acreditar que eu poderia estar doente, pois os resultados dos dois exames de janeiro de 1983 mostraram que eu tinha anticorpos da rubéola! Como poderia estar doente?!

Foi assim que percebemos a bênção de Nossa Senhora em nossa vida. Percebemos que a fé remove montanhas. Nossa fé, nossa oração e a intercessão de Maria nos proporcionaram um filho saudável, Rafael, hoje com 34 anos, casado com a Thayla e pai de nossa neta.

Graças vos damos, Maria, por essa bênção recebida e percebida!

Maria, nossa Mãe Amada!

Nossa Senhora Desatadora dos Nós

Fernanda – Campinas, SP

Afonso sempre foi uma pessoa de coração enorme, risada fácil, canto solto e fé inabalável. E é impressionante como a fé incomoda as pessoas. Afonso sempre andou com a efígie de Nossa Senhora em seu crachá, sempre teve em sua mesa um altarzinho e sempre falou abertamente da fé que tem em Deus e na Virgem Maria.

Nos últimos dois anos, em seu antigo trabalho, parecia que queriam provar até que ponto sua fé era forte. Todas as suas ideias de trabalho eram vetadas, sua equipe se tornava cada vez mais reduzida e a pressão, cada vez maior. Aquele riso fácil já não era tão fácil assim... as músicas não saíam mais de sua boca toda manhã... ele estava infeliz, mas jamais sem fé!

Certo dia, durante um passeio, compramos o livro de autoria de um padre. Todas as tardes, Afonso chegava a nossa casa encantado, contando uma passagem desse livro, que lia na hora do almoço, como alimento espiritual para o resto do dia. O capítulo referente a São Miguel Arcanjo era muito semelhante à situação em que ele estava vivendo. Como nós temos uma imagem de São Miguel Arcanjo, ele a levou para o trabalho e a colocou no ponto mais alto de sua sala, ao lado da imagem de Nossa Senhora Aparecida. Isso foi em uma segunda-feira, dia 10 de julho de 2017. E, como falava no livro, tudo piorou... mas tínhamos a certeza de que iria melhorar, tudo iria se resolver.

No dia 15 de julho, fomos ao santuário Nossa Senhora Desatadora dos Nós, quando estava sendo celebrada a missa de São José também. Foi maravilhoso! Pedimos, com toda a fé, que nossa Mãe desatasse os nós de nossa vida.

Viemos embora com uma paz imensa no coração. Passamos um fim de semana em família, muito abençoado e feliz. Na segunda-feira, 17 de julho de 2017, Afonso foi demitido. Na hora em que fiquei sabendo, entrei em pânico, mas, quando o encontrei, ele estava sereno. Absolutamente sereno.

Com a imagem de Nossa Senhora no braço, ele me disse: "Eu pedi e nossa Mãe, juntamente com São José, atendeu-me. São Miguel esmagou o Mal e vencemos a batalha".

Durante alguns dias, realmente não tivemos queixas, pois a paz reinava em nosso lar. Mas os dias foram passando, e o desespero do desemprego começou a assombrar. Graças a Deus, tínhamos nos preparado financeiramente, então não se tratava de problema de dinheiro. Era a necessidade de ocupar a cabeça, de levantar cedo e ter aonde ir. Afinal, o trabalho santifica o homem.

Essa fase foi muito difícil, mas não perdemos a fé. Começamos a novena das Santas Chagas... Terminamos... Começamos a rezar a novena de São José... Terminamos... Começamos a rezar a novena de Nossa Senhora Desatadora dos Nós e, no último dia, antes que a terminássemos, Afonso conseguiu um novo emprego.

Diga-me se não foi mesmo um milagre?! Em menos de um mês, tudo se resolveu! Graças a Deus, é uma boa empresa, temos a plena certeza de que Deus fez o melhor em nossa vida. E a nossa fé, que tanto incomodava as pessoas, deu frutos, que estamos colhendo.

Tenha fé, não importa o tamanho do problema; para Deus, nada é impossível. Usemos o amor que nossa Mãe do Céu tem por nós para que a caminhada seja menos pesada e o fardo mais fácil de carregar. Quem planta fé, colhe milagres!

Obrigada, Deus. Obrigada, Nossa Senhora, São José e Arcanjo Miguel, nossos amigos.

Nossa Senhora do Bom Parto

Daniela – Sumaré, SP

Em 2015, quando engravidei, uma de minhas maiores preocupações era com o parto: ficava angustiada só de pensar em estar em um hospital. Comecei, então, a rezar a oração de Nossa Senhora do Bom Parto, que ganhara de uma amiga.

A gravidez corria muito bem até que, com 34 semanas de gestação, a bolsa se rompeu. Fui submetida a uma cesárea de urgência, pois o bebê estava em posição pélvica. Assim que nasceu, foi levado para a UTI, pois não estava respirando. Após alguns minutos, meu marido e eu escutamos um choro. Foram os minutos mais longos e sufocantes de nossa vida, até que a enfermeira confirmasse que o choro era de nosso filho e que ele estava bem. Contudo, deveria continuar internado, devido à insuficiência respiratória.

Após onze dias internado na UTI, nosso bebê, o Rafael, veio para casa, sem sequela alguma; e eu, mais tranquila e segura quanto a seus cuidados, pois, no período em que estive com ele no hospital, tive o amparo das enfermeiras, sempre dispostas a me ensinar.

Deus permitiu que eu passasse por essa experiência. Apesar da angústia de não poder levá-lo para casa de imediato, Maria Santíssima ficou comigo em todo momento e não me desesperei. Hoje, peço à Mamãezinha que me ajude, desde as tarefas mais simples até às mais complexas, principalmente nos cuidados com meu filho.

Quando está passando o Terço Mariano na TV e aparece a imagem de Maria carregando o Menino Jesus, o Rafa interrompe o que está fazendo e fica admirando, como se tivesse muita intimidade com aquela imagem! Nesses momentos, tenho a certeza: não pude segurá-lo logo que ele nasceu, mas Nossa Senhora sim, embalou meu filho no colo, com maior ternura e amor que somente Ela pode oferecer.

Obrigada, Mãe!

Nossa Senhora Desatadora dos Nós

Lilian – Paulínia, SP

São inúmeras as graças que recebo por intercessão de Nossa Senhora, mas o que sinto é que passei a me aproximar mais dela quando me tornei mãe. Quando eu soube que estava grávida, já consagrei o bebê a ela.

Ao nascer, minha filha ficou alguns dias na UTI e, em momento algum, tive dúvidas de que a Mãe do Céu cuidava dela, de mim e de minha família. Passei a ter o hábito de rezar o Santo Terço todos os dias e sinto seu amor indescritível fortalecendo-me.

Três meses depois do nascimento de minha filha, meu sogro sofreu um gravíssimo acidente de moto. Ao receber a notícia do estado grave em que ele se encontrava, imediatamente, clamei a Nossa Senhora, pedindo que Ela intercedesse mais uma vez! E, para glória de Deus, mais uma vez fui atendida! Ele ficou mais de 60 dias hospitalizado, e pude vivenciar o milagre de sua recuperação!

Coloco nas mãos de Nossa Senhora minha vida profissional, familiar, pessoal, minhas ansiedades, tristezas, medos e dúvidas – e ela desata todos os nós!

Nossa Senhora da Rosa Mística

Maria Aparecida – Hortolândia, SP

No ano de 1996, ganhei uma imagem de Nossa Senhora da Rosa Mística. Passamos a rezar o terço nas casas toda quarta-feira levando essa imagem. No dia 13 de cada mês, rezávamos o terço em minha casa.

Em 13 de julho de 1998, dia de Nossa Senhora da Rosa Mística, rezamos, como de costume, o terço em minha casa. Ali havia bastante gente participando. Terminado o terço, várias pessoas foram embora, ficando somente aquelas que faziam parte da Comunidade Nossa Senhora de Fátima. Apenas mulheres e nossos filhos. Os filhos maiores conversavam, enquanto as crianças brincavam na rua.

De repente, ouvimos uma conversa estranha e corremos para ver o que estava acontecendo. Vimos três homens encapuzados e armados, com as armas apontadas para as cabeças de nossos filhos. Eles renderam todos nós. Aí começou a sessão de tortura: eles queriam que todas entrássemos no carro de minha amiga. Éramos oito mulheres. Argumentamos com os ladrões que não cabíamos todas no carro, e que nenhuma de nós sabia dirigir. O dono do carro, esposo de minha amiga, estava no bar, esperando que o terço acabasse.

Os bandidos então ficaram nervosos; um deles pegou meu sobrinho de dez anos e disse que iria matá-lo. Apavorada, perguntei ao ladrão: "Do que você precisa?" Ele respondeu-me: "De R$ 200,00". Eu disse a ele: "Tenho esse dinheiro, pois costurei o dia todo".

O bandido soltou meu sobrinho, colocou a arma em minha cabeça e fomos buscar o dinheiro. Quando entramos na sala, o bandido viu o altar com a imagem da Rosa Mística e a Bíblia. Ele ficou parado, sem ação!

Então, eu lhe disse: "Fique aqui e espere, que vou pegar o dinheiro". Entrei no quarto, peguei o dinheiro e lhe entreguei. Ele colocou outra vez a arma em minha cabeça e me fez acompanhá-lo até o carro, dizendo que me levaria como refém, para que a polícia não fosse atrás deles.

Eu pedi a Nossa Senhora da Rosa Mística que me protegesse, dizendo a ela: "A Senhora tem uma dívida comigo, pois levo sua imagem a todas as casas, nas quartas-feiras".

De repente, o ladrão olhou para mim e disse a seus amigos: "Sujou, vamos correr!" Jogaram a chave do carro e saíram correndo. Ninguém entendeu nada, o motivo, nem eu, pois a polícia não estava vindo.

Voltamos até o altar e agradecemos a Deus e a Nossa Senhora da Rosa Mística sua poderosa intercessão. Obrigada, Senhor! Obrigada, Nossa Senhora da Rosa Mística!

Imaculada Mãe Auxiliadora, Mãe de Jesus

Padre Gilberto Luiz, SDB – Piracicaba, SP

Desde criança, aprendi a honrar Maria, Mãe de Jesus. À noite, rezávamos o terço; anualmente, íamos em romaria a Aparecida. Minhas irmãs, com nome em homenagem a Nossa Senhora: Fátima, Aparecida e Maria.

Como Salesiano de Dom Bosco, vivo esse amor para com a Imaculada Mãe Auxiliadora. Ela me mantém sob seu manto e corrige meus erros. Com ela, sigo seu Filho Jesus, vivendo no trabalho educativo-pastoral.

Mãe Auxiliadora, roga por nós!

Nossa Senhora Desatadora dos Nós

Ramon – Hortolândia, SP

Meu nome é Ramon, tenho 61 anos e sou casado há 36 anos com Emilia. Temos seis filhos e cinco netos.

No ano de 2002, minha esposa chamou-me para ir à missa na igreja de Nossa Senhora Desatadora dos Nós, em Campinas. Era quinta-feira, e ela iria levar o Sr. Cristóvão (hoje, falecido), para a missa dos doentes.

A ex-esposa de Cristóvão, dona Maria, tinha ido a nossa casa uns dias antes. Ela nos contou que ele viera de Belo Horizonte para tratamento médico, hospedando-se na casa de uma filha. O Sr. Cristóvão, muito católico, era o coordenador da Folia de Reis em sua cidade e queria ir à missa. Ela havia tentado levá-lo à igreja, sem saber que, no domingo, tinha sido Pentecostes e a celebração já acontecera.

Minha esposa ofereceu-se para levá-lo à missa, juntamente com dona Maria e dona Cida, outra amiga. Ela chamou-me para acompanhá-los e eu prontamente neguei, justificando que a família dele é que deveria levá-lo.

Naquela noite, tive um sonho. Sonhei que estava na casa onde morei quando solteiro, uma casa no alto, com uma rampa que dava para a garagem. Ali estava sendo celebrada uma missa e tinha muita gente, uma multidão. O padre era negro, alto, e falava uma língua estrangeira, que eu quase não entendia. Ele estava ungindo as pessoas com óleo e pediu-me que o ajudasse a ungi-las com o sinal da cruz na testa. Fiz o que ele pediu e, quanto mais eu fazia, mais gente aparecia, então disse ao padre: "Nós não vamos dar conta". Acabei acordando, lembrei-me do sonho e contei a minha esposa. Resolvi ir com ela à missa. Eu nunca tinha ido àquela igreja.

Buscamos o ex-casal de esposos na casa da filha. O Sr. Cristóvão era uma pessoa de idade e tinha uma perna amputada. Lamentavelmente, eu tinha dificuldade em lidar com pessoas com deficiência, doentes e que utilizam cadeiras de rodas.

Deixamos o carro no estacionamento da pequena igreja e Dona Cida buscou uma cadeira de rodas. Enquanto eu acomodava o Sr. Cristóvão na cadeira, um homem negro nos observava, de uma janela no alto da igreja.

O Sr. Cristóvão quis ir ao banheiro e precisei subir três degraus, empurrando-o naquela cadeira de rodas pesada e dura. Depois, com toda a dificuldade, subimos a rampa de acesso à igreja. Na porta, veio um senhor nos ajudar e nos levou ao primeiro banco, bem de frente para o altar. Ele comentou que as rodas da cadeira estavam travadas, por isso a dificuldade de manuseá-la (somada a minha dificuldade interna).

A missa começou. Quem entrou para celebrá-la era aquele homem que vi em sonho nos observando da janela, um padre angolano (infelizmente, não me lembro de seu nome). No fim da celebração, fiquei de frente para o padre, que ungia os doentes, fazendo gestos que eu nem sabia que aconteciam nas igrejas. Minha esposa e eu nunca tínhamos visto aquilo.

Dona Maria, dona Cida e minha esposa tinham ficado em pé, no fundo da igreja, que estava lotada, com muita gente lá fora também. Minha esposa comentou com as amigas sobre meu sonho, e eu disse à Emilia que, na noite anterior, já havia "participado" daquela missa. Já pensou se eu não tivesse ido? Como teriam podido, as três mulheres, levar o Sr. Cristóvão ao banheiro, duas vezes? Deus me convocou e eu aceitei.

Obrigado, Senhor.

Nossa Senhora da Medalha Milagrosa

Kátia – Indaiatuba, SP

Todas as vezes que saio de casa, todas as vezes que viajo, entrego minha casa, minha vida e a de meus filhos nas mãos de Deus e peço a proteção de Nossa Senhora.

Sempre que eu viajava, sentia uma proteção, como se fosse uma Luz, mas não sabia de onde ela se originava.

Certo dia, conheci duas pessoas – Dora e Dany –, em uma viagem que fiz a Itacaré-BA. "Pegamos" muita amizade e elas me convidaram para conhecer Uberaba, onde moravam, e passar uns dias na casa delas. Aceitei o convite.

Fui e, no primeiro passeio, a Dora levou-me até a igreja da Medalha Milagrosa. Para mim, foi uma emoção muito grande, uma surpresa comovente! Ali, identifiquei que a Luz que sempre me protegeu se originava das mãos de Nossa Senhora da Medalha Milagrosa! Era uma imagem linda, que eu nunca tinha visto, que não conhecia. Desde então, fiquei ainda mais devota de Nossa Senhora! Inexplicável o sentimento de gratidão!

Nossa Senhora da Piedade

Alex, Luiz, Sueli e Rita

A Virgem Maria, Mãe Santíssima, sob o título de Nossa Senhora da Piedade, sempre será nosso referencial na Pastoral da Sobriedade. Ela nos ensina a acolher em nossos braços os caídos, os aflitos e os atingidos pelo flagelo da dependência química. Ela nos ajuda a confiar em seu filho, Nosso Senhor Jesus Cristo, para que possamos alcançar a graça da sobriedade em nossa vida e perseverar no caminho da libertação e salvação, podendo ser presença e luz de Cristo na vida daqueles que mais precisam.

Com o título belíssimo de Nossa Senhora da Piedade, ela nos dá seu exemplo. Piedade é o que devemos ter para com nossos irmãos, tão massacrados e abandonados por nossa sociedade. Dá-nos o exemplo de como sermos piedosos com todos os nossos irmãos, principalmente os mais necessitados. Com amor e piedade por seus filhos, ela vai à frente, guiando-nos, para que possamos fazer a diferença na vida dos irmãos que estão excluídos. Não há como ser cristão e não ter Nossa Senhora da Piedade como exemplo de amor e humanidade.

Nossa Senhora da Piedade tem sido nossa mestra na Pastoral da Sobriedade. Sem ela, não conseguiríamos caminhar com os Doze Passos para a Sobriedade Cristã. Nos momentos em que pensamos em desistir, é ela quem nos ajuda a continuar, com seu amor e com sua intercessão. Foram muitas as caídas e muitos os levantamentos. Temos tido a experiência de pedir, todos os dias, que ela passe à frente, ajudando os agentes da Pastoral da Sobriedade a se manterem sóbrios e perseverantes.

Nossa pastoral vem sendo bem representada por essa Mãe, que, com força e misericórdia, atende seus filhos em todas as necessidades.

Nossa Senhora, Rainha da Paz

Ademir – Valinhos, SP

Uma imagem grande de Nossa Senhora fazia parte da empresa de transportes coletivos onde eu trabalhava. Ela fora trazida de um lugarejo de Portugal, mas não era a imagem de Nossa Senhora de Fátima. Com o passar do tempo, essa imagem, colocada em um canto da sala, acabou ficando cheia de fuligem dos veículos.

Certo dia, conversei com o pessoal sobre limparmos a imagem. Eu queria limpá-la, mas tinha receio de a estragar, pois não sabia qual produto deveria ser usado para a limpeza...

Na empresa, havia um colega com o qual eu tinha rompido relações, tínhamos nos distanciado; era recíproca a mágoa. Como ele era a pessoa que poderia me ajudar, telefonei-lhe e perguntei se teria alguma dica sobre como deveria ser feita a limpeza da imagem, se com água e sabão etc.

Ele atendeu ao meu telefonema com cortesia e amabilidade tão grandes que me surpreendi. Eu não esperava um acolhimento assim, de alguém com quem estava rompido há tanto tempo e que eu incluíra no rol de pessoas que considerava indesejáveis (e o sentimento era mútuo). Ele, com a maior gentileza, deu-me as dicas de que eu precisava.

Com toda a certeza posso afirmar que, graças a Nossa Senhora, por meio desse episódio da limpeza da imagem, foi restabelecida uma amizade que havia se rompido de maneira equivocada.

Nossa Senhora promove a Paz e olha por todos os filhos seus!

Nossa Senhora do Milagre

Irmã Maria Clara – São Paulo, SP

Nosso fundador, São Francisco de Sales, diz que todas as vezes que fomos chamadas e viemos para ser monjas na Ordem da Visitação, somos "o fruto de uma visita íntima que Nossa Senhora fez a nosso coração".

Eu sempre o hei acreditado assim, porque experiências importantes para mim tiveram lugar no santuário de Nossa Senhora do Milagre, em minha cidade natal: com a idade de cinco anos, quando tive minha primeira experiência forte de Deus, e o despertar de minha vocação contemplativa, também muito cedo. E foi um chamado justamente para uma Ordem dedicada à Santíssima Virgem no Mistério da Visitação.

Além de que, sempre tive, desde menina, uma terna e filial devoção para com ela. Fiz meus estudos com as Irmãs dominicanas de Santa Catarina, em seu colégio de Nossa Senhora do Rosário, onde se nos incutia o amor e devoção à Mãe de Deus, não só pela reza do Santo Rosário e outras práticas de piedade, senão, ainda mais, pela imitação de suas virtudes.

Nossa Senhora das Graças

Neusa – Sumaré, SP

Nascida em São Paulo, fui criada em Ribeirão Preto e resido em Sumaré há quase 28 anos. Sou advogada e empresária.

Em meados de maio de 1986, eu, com 18 anos, e meu namorado, Vanderlei, com 17 para 18 anos, andávamos de moto, quando um caminhão bateu em nós. Fomos arremessados ao chão, meu capacete chegou a rachar e passei por uma experiência de quase morte!

Naquele momento de estado de inconsciência, estive na presença de um ser angelical, que vestia um manto azul lindo e tinha uma luminosidade transcendental. Senti cheiro de rosas, tive uma sensação de bem-estar e de muita alegria. Esse ser luminoso, com aparência de Nossa Senhora das Graças (por causa de seu manto azul), telepaticamente, conversou comigo: "Filha, chegou o momento de sua partida, porém, daremos a você o livre-arbítrio de retornar para cumprir a missão de construir família e criar seus filhos na graça do Senhor".

Enquanto estava nesse estado de graça, não senti dores e a sensação foi a de que eu não queria voltar... Quando recobrei o estado de consciência, gritava muito de dor; todos do hospital olharam para mim assustados, como que surpresos por meu retorno à vida.

Meu namorado, sem saber o que ocorrera comigo, porque havia passado também por momentos de dor, disse-me, brincando, que tivera uma conversa séria com Nossa Senhora e, para que eu não tivesse sequelas do acidente, fizera a promessa de se casar comigo.

Enfim, brincadeiras à parte, o mais importante é que estamos juntos há mais de 32 anos. Casados há 30, temos três filhos saudáveis: Isabella (21 anos), Carolina (18 anos) e Léo Luis (8 anos).

Passamos pela experiência de um aborto retido. Nós o batizamos, ainda em meu ventre, em sonho, com o nome de Mariana(o), sem saber que esse filho(a) não iria nascer...

Sou muito grata por ter Nossa Senhora como minha mãezinha e intercessora junto ao Pai, lá no céu!

Admirável Mãe da Misericórdia!

Osmar – Hortolândia, SP

Ave, ó cheia de graça,
Pelo amor que em vós transborda,
Tende piedade de nós, Senhora,
Admirável Mãe da Misericórdia!

Desde toda a eternidade,
Conforme os desígnios do Pai,
Da família Trinitária,
Fostes chamada a participar!

Hoje, também nós participamos,
Pela graça de vossa vocação,
Como discípulos e missionários,
Do grandioso Plano de Salvação!

Obrigado, Mãe da Misericórdia,
Na graça do amor filial.
Clamamos à Trindade Santa
Fidelidade ao amor batismal!

Aparecida, trezentos anos no Brasil,
Fátima, cem anos em Portugal,
Em vossa mensagem benfazeja,
Protegei-nos e livrai-nos do mal!

Nossa Senhora da Conceição

Irmã Francisca Margarida – São Paulo, SP

Minha primeira experiência com Nossa Senhora foi quando eu estava perto de completar 10 anos de idade. Naquele dia, minha avó materna, muito devota da Mãe de Deus, vendo-me sentir dores fortíssimas e continuadas, a ponto de não conseguir dormir, propôs-me rezar o *Rosário Apressado de Nossa Senhora*. Segundo ela, esse rosário era eficaz em momentos de aflição e de desespero.

Pediu-me para ir repetindo, com ela, as seguintes orações do Rosário: 1 Pai-nosso, 1 Ave-Maria e o Credo, e, nas contas do Pai-nosso, dizer: *"Virgem da Conceição, vós não dissestes que, quem, por vosso santo nome, chamasse 150 vezes, seria válido? É chegada a ocasião"*. Nas contas das Ave-Maria, dizer: *"Valei-me, Virgem da Conceição"*.

Eu me lembro de que não cheguei a repetir nem três dezenas, pois logo adormeci. Só acordei no dia seguinte, quando minha mãe me conduziu ao hospital, onde recebi os primeiros-socorros, e, posteriormente, fui submetida a uma cirurgia e tratamentos.

Como disse minha avó, Nossa Senhora se compadeceu de minha dor e intercedeu junto a seu Filho. Desde aquele dia, cada vez que passei por motivos ou situações difíceis, recorri à Santíssima Virgem, a qual sempre me socorreu e socorre, com carinho e proteção de Mãe de Deus e nossa.

Nossa Senhora da Guia

Simone

Escolhi Nossa Senhora da Guia para meu testemunho mariano porque ela tem uma presença significativa em meu processo vocacional. Geralmente, em sua imagem, ela é representada sentada, segurando o Menino Jesus nos braços, como que o amparando, encontrando-se ambos coroados.

Em outras representações, a Virgem Maria segura também uma estrela em uma das mãos, simbolizando a Estrela Guia, que conduziu os Reis Magos até a manjedoura, onde se encontrava o Menino Jesus.

O título dado a Maria nessa invocação, sobretudo pelo que se refere ao guiar, foi o que mais me cativou. Nos dicionários, seu significado está relacionado a: orientar, aconselhar, alumiar, levar a algum lugar, proteger, amparar, socorrer, defender, cuidar, olhar etc.

Como, porém, cultivar uma devoção sem se aprofundar? Eu não poderia começar uma devoção sem saber mais sobre sua origem. Lembro-me de que fiz uma pesquisa e, em síntese, essa devoção a Nossa Senhora nasceu na Igreja ortodoxa, e é reconhecida pela Igreja católica.

Na Igreja ortodoxa, ela é conhecida como *Odigitria*, que quer dizer condutora, aquela que dirige, ou guia. Como seu significado é, realmente, importante e expressa uma das grandes missões de Nossa Senhora, essa devoção foi incorporada também pela Igreja católica.

A imagem de Nossa Senhora da Guia é cheia de símbolos que expressam sua missão de condutora da humanidade até Jesus. A partir da missão de Maria, eu me questionei: Qual seria minha missão? O que Deus tinha planejado para mim?

À medida que ia aumentando essa inquietude, coloquei-me sob a proteção de Nossa Senhora da Guia, a mãe do Salvador, para que continuasse a me guiar no caminho de meu processo vocacional. Ganhei de presente um quadrinho da imagem, o qual continha esta oração, que comecei a rezar todos os dias:

Ó Maria Santíssima, eu vos louvo e bendigo, porque aceitastes gerar em vosso seio puríssimo, por obra do Espírito Santo, Jesus, o filho de Deus, Salvador do mundo, tornando-vos a Mãe e a primeira discípula daquele que veio para ser a Luz de todos os povos, o Caminho, a Verdade e a Vida. Vós, que levastes Jesus ainda em vosso seio, para santificar João Batista no seio de sua mãe Isabel, vós, que protegestes o Menino Jesus, em seu nascimento, o amamentastes e lhe ensinastes os primeiros passos. Protegei as criancinhas, e guiai todas as mães para que elas ensinem a seus filhos a amar e a seguir Jesus. Nossa Senhora da Guia, rogai por nós. Amém.

Hoje, vejo que o caminho que percorri sob a proteção de Nossa Senhora da Guia somente me trouxe alegria e esperança diante das dificuldades que se apresentam; que as pessoas e os acontecimentos que ela foi colocando em meu caminho foram instrumentos para me ajudar a responder a minha vocação com fidelidade.

Nossa Senhora da Guia, rogai por nós!

Nossa Senhora Desatadora dos Nós

Míriam – Campinas, SP

Há dois anos, descobri ser portadora da doença celíaca, uma doença autoimune, considerada sem cura e que é provocada pelo consumo de produtos que contenham glúten, ou seja, produtos com trigo, centeio, cevada ou malte. Esse consumo causa uma reação imunológica no intestino delgado. O intestino inflama e a absorção de nutrientes pelo corpo é prejudicada, podendo gerar diversos problemas de saúde.

Tal descoberta afetou minha rotina de vida. Sou católica e, para mim, comungar semanalmente é de fundamental importância; é o que me alenta e me dá força na caminhada do dia a dia neste nosso mundo tão cheio de desesperança. De repente, eu não poderia mais fazê-lo.

A comunhão de domingo era fundamental para mim. Não deixei de comungar, entretanto, devido ao trigo presente na hóstia, os efeitos logo apareciam e eu acabava por passar mal. Permaneci, por um bom tempo, nessa rotina, até que, cansada de tanto me ver sofrer com os efeitos do glúten, minha família pediu-me que deixasse de comungar. Eu teria que optar pela comunhão de consciência.

Frequento a missa no santuário de Nossa Senhora Desatadora dos Nós e, no dia em que eu deveria abandonar o ato de comungar com a hóstia, uma tristeza imensa tomou conta de mim. Antes da missa, rezei o terço de Nossa Senhora Desatadora dos Nós e implorei pela intercessão de nossa Mãe Santíssima para que me concedesse a graça de poder continuar comungando com a hóstia. Pedi-lhe que eu não precisasse abdicar desse momento de consolo e fortalecimento da alma, que, a mim, é tão necessário.

Naquele domingo, comunguei e não passei mal, não tive inchaços, dores ou qualquer outro sintoma da doença celíaca. A partir de então, tenho comungado regularmente, sem que qualquer sintoma da doença se manifeste.

Ainda sou celíaca, preciso ter uma dieta controlada e sem glúten, mas Nossa Senhora Desatadora dos Nós concedeu-me a graça de poder comungar sem que o glúten, presente na hóstia, desencadeie os efeitos da doença em meu organismo.

Sou devota de Nossa Senhora e acredito que seu amor de Mãe nos acolhe, consola e protege. Graças sempre a Maria, nossa eterna Mãe!

Maria no Plano de Deus

Frei Moacir – Piracicaba, SP

Maria, segundo meu conhecimento, foi uma mulher igual às outras, com uma ressalva apenas: retirada do meio do povo, tinha todos os modos da mulher de sua época.

Mulher, pobre, sem cultura e cheia de sofrimento, mas bem-vista aos olhos de Deus. Após o anúncio do anjo Gabriel, sua vida mudou completamente.

A partir daquele dia, com muita disponibilidade, colocou seu empenho em viver o plano que Deus tinha para ela: dar a vida a Jesus e, com Ele, cumprir a vontade de Deus.

María, Mãe da Esperança

Lucita – Brusque, SC

Em maio de 2016, minha filha Emili, com 23 semanas de gravidez, telefonou-me de madrugada, dizendo que sua bolsa havia se rompido. Partimos, nós três, a Emili, seu esposo, Ricardo, e eu, para o hospital, que ficava em uma cidade a 40 km de distância da nossa. Durante todo o trajeto, pairava total silêncio entre nós! Em certos momentos eu rezava, em outros, chorava. Estava muito angustiada, pois sabia que, com tão pouco tempo de gravidez e com a bolsa rompida, não havia muito o que fazer.

Logo que chegamos ao hospital, a Emili foi examinada. A médica disse que ela teria que ficar internada, pois, no caso dela, quando a bolsa amniótica se rompe, a criança não tem possibilidade alguma de sobreviver, e a mãe poderia correr risco de vida, por infecção.

Sabíamos que nossa menina, que estava viva dentro da barriga de Emili, não teria chance alguma, morreria a qualquer momento. Depois de quatro dias internada, minha filha entrou em trabalho de parto e foi levada à UTI. Exatamente às 15h, quando rezava o Terço da Misericórdia, recebi a notícia de que o bebê tinha morrido.

Naquele momento, muitos sentimentos invadiram meu coração: tristeza, impotência, alívio, gratidão! Tantos foram os sentimentos que nem sei explicar, só sei que, apesar da dor da perda, estava aliviada, pois não fomos nós que decidimos tirar a vida de nosso bebezinho. Esperamos o tempo de Deus e estávamos com nossa consciência tranquila.

Passaram-se alguns meses, Emili e Ricardo fizeram todos os exames, não sendo constatado nada de anormal com ela ou com seu esposo. Estavam prontos para tentar novamente; ficamos muito felizes ao recebermos a notícia da nova gravidez! Tínhamos a certeza de que agora tudo daria certo!

Por indicação de uma amiga, ela iniciou o pré-natal com outro médico. Logo no primeiro exame, foi constatado que ela possuía útero septado (falha estrutural congênita que poderia causar parto prematuro, aborto de repetição, restrição de crescimento fetal intrauterino e infertilidade). Graças a Deus, esse médico era um excelente profissional, muito atencioso, com uma grande experiência em gravidez de risco. Logo nos tranquilizou, dizendo que não era o fim do mundo, que a gravidez merecia cuidados especiais, mas daria certo! Recomendou que ela fizesse uma cerclagem (cirurgia que costura o colo do útero, para evitar o nascimento antes da hora prevista) e repouso. Para ter uma segunda opinião, Emili resolveu também consultar, em Curitiba, uma médica especialista em gravidez de risco.

Após 24 semanas de gravidez, a Emili perdeu parte do tampão mucoso. Agora, deveria fazer repouso absoluto, não poderia mais sair da cama.

Nesse meio tempo, recebemos a visita de minha irmã, que mora no Mato Grosso, e também de uma amiga nossa, muito querida. Combinamos de ir juntas ao Santíssimo, para rezar. Rezamos, choramos... Deus nos revelou muitas coisas naquela tarde! Elas me falaram que deveríamos fazer a leitura do Evangelho de Lucas 1,39-56, mudando os nomes: no lugar de Isabel e Zacarias, falar Emili e Ricardo. Todas as noites, meu marido e eu rezávamos, em nossa casa, e a Emili e o Ricardo rezavam na casa deles.

Iniciamos também a Novena da Santa Gravidez de Nossa Senhora. Uma noite, enquanto rezava, senti fortemente a presença de Maria. Então, pedi a Ela que cuidasse da Emili e do bebê, da mesma forma que cuidou por três meses de Isabel, e que permanecesse com elas, assim como diz no Evangelho. Na manhã seguinte, quando contei a Emili, ela me disse que também sentiu e pediu a mesma coisa! Só de pensar, eu me emocionava!

A Emili deveria voltar a Curitiba para uma nova consulta, mas, como estava de repouso, achou melhor não viajar. Então, o Ricardo entrou em contato com a médica e contou-lhe o que tinha acontecido. Na mesma hora ela disse que, devido ao diagnóstico, achava melhor a Emili nem ficar de repouso, que "não valia a pena". Para melhor dizer, "provocaria um aborto espontâneo". Foi uma profunda decepção para todos nós! Com isso, minha filha e seu esposo decidiram nunca mais voltar lá.

Mesmo em repouso absoluto, Emili, com 26 semanas de gravidez, estava com sangramento e contrações. Eu fui chamada às pressas, para ir com eles até o hospital. Tudo novamente... parecia que estávamos vivendo o mesmo pesadelo... estávamos a caminho do mesmo hospital, na mesma situação.

Eu pensava: "Meu Deus, por que é tão difícil para nós? Há tantas pessoas que não desejam um bebê e nós, que o esperamos com tanta alegria, por que passarmos por isso?" Cheguei a questionar Deus. Queria entender! Pensava comigo: "Eu procuro ajudar as pessoas como posso. Participo em minha comunidade, sou ministra da Eucaristia, ajudo a coordenar um movimento de evangelização (Movimento do Acampamento), onde muitas pessoas encontram Deus, em uma experiência tão linda! Vários testemunhos de vidas mudadas por meio do acampamento! Por quê?"

Emili ficou internada, não saía da cama para nada. Comia deitada, não podia se levantar para ir ao banheiro, tomava banho somente uma vez por semana, sentada na cadeira de banho. Repouso absoluto! Graças a Deus estava em um ótimo hospital, um dos melhores da região. Muito bem assistida, com maternidade e UTI neonatal.

Nas minhas idas e vindas ao hospital, eu aproveitava para rezar. Um dia, quando voltava do hospital, ouvi uma pregação sobre Nossa Senhora. Essa pregação falava sobre a fé e a esperança de Nossa Senhora. Que, mesmo Ela dando seu sim a Deus, encontrou muitas dificuldades e sofrimentos. Que sua vida também foi cheia de momentos difíceis. Que Maria não somente era um exemplo de obediência, mas também de fé e esperança.

Isso me tocou profundamente! Entendi que não deveria questionar Deus, mas sim acreditar! Que poderia entregar nossa vida à Mãe de Jesus, que Ela cuidaria de tudo, como cuidou de Jesus. Que, por meio do exemplo e coragem dela, poderíamos continuar fortes. E todas as vezes em que me sentia triste e cansada, pensava em todo o sofrimento de Nossa Senhora, da fuga para o Egito, da perda de Jesus no Templo, do caminho para o Calvário, do momento em que recebeu Jesus morto nos braços. Tudo isso me fortalecia e me fazia entender que tudo na vida passa!

Todo dia eu rezava, pedindo que Maria ficasse conosco o tempo necessário para que nossa menina alcançasse peso, que pudesse nascer com saúde. Maria Cecília nasceu exatamente após 32 semanas de gestação. Com 1,790 kg e 43 cm, era muito pequena e frágil! Aos poucos, foi recebendo mais alimento, os aparelhos foram sendo retirados e ela começou a respirar sozinha. Com quase um mês de vida, alcançou seus 2 kg, o peso esperado para que ela recebesse alta e, enfim, pudesse conhecer sua casa, sua família! Como era muito apressada, não esperou completar os três meses para nascer (como havíamos pedido a Nossa Senhora), mas nasceu no dia 31 de maio, dia em que celebramos a Visitação de Nossa Senhora a Isabel.

Não tenho dúvida de que tudo o que aconteceu com a Emili e com a Maria Cecília é milagre! Não tenho dúvida de que a oração opera milagres, e que todas as nossas orações e de todas as pessoas que rezavam por elas foram atendidas. Hoje, cada vez que olho para os olhos azuis de Maria Cecília, eles me lembram os olhos de Nossa Senhora. Tenho muita fé que Maria está cuidando e cuidará sempre de nossa menina!

Mãe Reparadora

Padre Giovanni Mezzadri, xaveriano – São Paulo, SP

Uma invocação sobre Nossa Senhora, que me aflora aos lábios e ao coração, é a de "Mãe reparadora". Concretamente, porém, não é só uma palavra, é uma oração:

"Mãe! Conserta, por favor, o estrago que eu fiz ou o erro que cometi, que eu não posso mais consertar, mas tu, minha Mãe, pode. Por favor, repara onde eu errei".

Porque, na vida, várias vezes me aconteceu de errar e não poder consertar... mas, confiando no poder intercessor de Maria, supliquei a Ela, que sempre me socorreu e reparou ou amenizou as consequências de meus erros.

Um exemplo: uma vez, em Guarapuava, eu estava levando o padre Pedro ao médico, para uma consulta. Pensando estar na preferencial, cruzei uma rua e bati em um carro que trafegava na preferencial. Percebi meu erro na hora, e supliquei: *"Mãe! Ajuda-me! Conserta meu erro, faze com que ninguém se machuque!"* Graças a Deus ninguém se machucou e os danos foram leves, apesar da batida forte.

E quantos outros erros fiz (não de trânsito); sempre supliquei e ela me socorreu, amenizou as consequências.

Obrigado, Mãe, que sempre socorre teus filhos, em seus erros!

Nossa Senhora da Visitação

Irmã Lucia – Diocese de Londrina, PR

Em minha família era comum rezarmos o terço, com a participação ativa de todos de casa. Revezávamos, adultos e crianças, na reza das Ave-Marias e na escolha dos cantos. Desde então, sinto-me tocada pelo segundo mistério gozoso, o Mistério da Visitação: a longa caminhada de Maria, grávida, para visitar sua prima Isabel, grávida também.

A vida humilde e sossegada de Maria foi radicalmente modificada pela visita do Anjo da Anunciação, que a motivou a se colocar a caminho, para visitar Isabel. Recepcionada por sua prima, que proclama o mistério da maternidade divina, Maria se enche de alegria e eleva seu canto de louvor. Declara-se humilde serva do Deus que dispersou os orgulhosos, derrubou os poderosos de seus tronos, os humildes exaltou e de bens saciou os famintos (cf. Lc 1,46-55).

Ainda criança, eu associava a visita de Maria a Isabel à visita que minha mãe costumava fazer as suas amigas que tivessem dado à luz um filho, levando-lhes um bolo. Minha mãe explicava que Maria ficou com sua prima, ajudando-a em casa, até o nascimento do filho, João. Mais tarde, entendi que a visita de Maria era muito mais. Fui me aprofundando, conhecendo e aprendendo mais a respeito do Mistério da Visitação.

Ao ingressar na Congregação das Missionárias de Maria Xaverianas, durante a primeira formação, tive a grande alegria de encontrar, entre as dimensões do carisma, a dimensão mariana:

"Inspiramo-nos em Maria, que cooperou na salvação, com obediência e fé incondicional; nela encontramos, particularmente no Mistério da Visitação, o modelo de nossa atitude interior em relação a Deus e aos irmãos. O nosso lema é: 'Pai nosso, venha logo o teu reino, por Maria!'" (Constituições das Irmãs Xaverianas, número 4).

Na oração e na meditação, com a luz do Espírito Santo, comecei a entender melhor a vocação missionária: "Levantou-se, desinstalou-se, partiu com pressa para as montanhas, levando consigo todo o mistério da salvação, foi transmitir a grande notícia à casa de Isabel. Foi a primeira saída missionária de Maria, uma peregrinação para o encontro com o outro. A dificuldade do caminho, a duração da caminhada, os perigos e incômodos, nada impediu o coração generoso dessa jovem de correr ao encontro e para o serviço de seu próximo" (Pe. Giacomo Spagnolo).

Para mim, Maria ficou sendo o modelo da missionária que, ao receber a vocação, parte, sem olhar para trás, sem fazer cálculos, sem ter medo do desconhecido, sem buscar sua liberdade. Ela partiu impulsionada por seu "sim" incondicional, imenso ato de fé e de amor que se compromete **com o Amor**.

Maria foi, para mim, modelo de "saída", de força, em tantas circunstâncias em minha caminhada missionária, marcada por várias mudanças de missão: da Itália para o Brasil; do Brasil para a Itália; retorno ao Brasil; do Brasil para Serra Leoa; de Serra Leoa para os Estados Unidos; dos Estados Unidos para a Itália; da Itália para o Brasil.

Todas as dificuldades da língua, da aculturação; tempos de guerras, de ditaduras, de crises políticas e econômicas; a convivência com pobres de toda categoria e os discriminados por etnia... situações imprevisíveis. Olhando para trás, nem parece verdade que Deus me conduziu por tantos caminhos complicados.

Nossa Senhora da Visitação foi sempre inspiração e força. O canto do *Magnificat* foi sempre presente, ainda que cantado ou rezado com voz rouca ou fraca, mas com tanta alegria e gratidão à Mãe Maria, que me acompanhou e continua a meu lado com seu materno carinho.

Nossa Senhora Aparecida

Irmã Jucélia – São Paulo, SP

Sou nascida na Bahia, mas moro em São Paulo há alguns anos. Durante a adolescência, afastei-me um pouco da Igreja, mas sempre guardei, com carinho, tudo o que aprendi durante os anos de catequese.

Eu ouvia falar muito de Aparecida do Norte e, algumas vezes, via reportagens que mostravam aquela multidão de romeiros, filas enormes; pensava que não deveria ser muito agradável passar um dia assim, no meio de tanta gente. Certo dia, porém, aconteceu que uma prima minha iria a Aparecida e ela me convidou a ir junto, pois eu estava em sua casa. Como não tinha nada para fazer naquele fim de semana, aceitei o convite e fomos com três pessoas. Quando chegamos lá, havia muita gente de fato, mas ao contrário de ser desagradável, foi muito agradável e senti muita paz.

Conheci aquilo que foi possível. Comprei lembrancinhas e fiquei apaixonada por Aparecida. Tive a oportunidade de rezar e estar em paz. A paz, com certeza, foi o bem maior que encontrei em Aparecida. Já estive lá diversas vezes e recomendo a todos.

Viva a Mãe Aparecida e nossa!

Nossa Senhora Imaculada Conceição

Maria da Conceição – Hortolândia, SP

Hoje, venho testemunhar um pouco da experiência e devoção de uma menina a Nossa Senhora, sob o título de Nossa Senhora Imaculada Conceição. Celebramos, no ano de 2017, os 300 anos do encontro da imagem de Nossa Senhora Aparecida nas águas do Rio Paraíba do Sul.

Havia uma mulher chamada Tereza Mariana, que se casou em uma igreja de Nossa Senhora Imaculada Conceição.

Depois de alguns anos, ela ficou grávida e teve uma menina, que nasceu no dia 8 de dezembro de 1970, dia de Nossa Senhora Imaculada Conceição. Deu-lhe o nome de Maria da Conceição, batizando-a na mesma igreja onde se casara.

O tempo passou.

Maria da Conceição morava no interior do Estado de São Paulo, na cidade de Palestina, onde havia uma senhora conhecida como dona Maria. A menina Maria da Conceição – agora já com 11 anos de idade – ficava muito chateada com seus colegas de escola, pois eles começaram a chamá-la de "dona Maria". Para perturbá-la um pouco mais, as crianças começaram a chamá-la também de "Mariadá". A menina chorava e perguntava: "Não bastasse me chamarem de 'dona Maria', agora ficam falando que vou dar! Vou dar o quê?"

Sofrendo com essas humilhações, a menina Maria da Conceição resolveu dar um jeito na situação. Renunciou ao "*da*" de seu nome, passando a assinar "Maria Conceição". Mesmo assim, as crianças continuaram a zombar dela.

Um dia, chegando da escola bastante triste e chorando muito, sua mãe pegou-lhe a mão e disse: "Sente aqui, vou explicar tudo. Você nasceu no dia 8 de dezembro, dia de Nossa Senhora Imaculada Conceição, e foi batizada na Igreja Imaculada Conceição, onde seu pai e eu nos casamos. Demos a você esse nome em homenagem a Nossa Senhora, consagrando-lhe a ela. Por isso, não pode escrever seu nome sem o '*da*'. Eu dediquei e consagrei você à Mãe de Jesus. Filha, aceite seu nome".

A partir daquele dia, a menina se encheu de alegria e assumiu o nome. Passou a escrever novamente o próprio nome como

"Maria da Conceição", assumindo o "*da*" e elevando-o o mais alto possível, sempre dizendo a todos: "Minha mãe consagrou-me à Mãe de Jesus, meu nome é lindo, e é esse 'da' que vai me levar para o céu, para contemplar a face de Cristo. Sou filha de Maria!"

Maria da Conceição tornou-se locutora de rádio e hoje apresenta um programa católico. Também é ministra extraordinária da Eucaristia e Palavra e pregadora da Palavra de Deus da RCC da diocese de Campinas.

Essa menina, Maria da Conceição, sou eu!

Nossa Senhora Aparecida e Maria Desatadora dos Nós

Aparecida – Campinas, SP

Tenho um casal de filhos, ambos jovens adultos. Minha filha é solteira e ainda mora conosco. Meu filho é casado e, por razões de trabalho, ele e sua esposa mudaram-se para o Chile.

Sempre que minha filha vai sair, invoco a proteção divina sobre ela, bem como peço a Nossa Senhora que a cubra com seu manto. Fazia o mesmo por meu filho, quando ele morava conosco, e continuo minhas orações para ele e minha nora.

Criei um projeto para florir a cidade onde nasci – São Vicente, SP. Com esse objetivo, de tempos em tempos, viajo de Campinas, onde moro, levando mudas de flores e plantas ornamentais para doar à população daquela cidade. Na véspera de uma dessas viagens para lá, a fim de levar algumas plantas, minha filha, que se encontrava em São Paulo, telefonou-me de madrugada pedindo-me que não viajasse. Ela estava certa de que eu sofreria um acidente e tanto insistiu que acabei cancelando a viagem.

Depois daquele telefonema, comecei a pensar em meu filho, lá no Chile. Muito angustiada, tive um forte pressentimento de que, talvez, algo de ruim estivesse por acontecer a ele e sua esposa. Com fervor, supliquei a Deus e pedi insistentemente a Nossa Senhora que os cobrisse com seu manto e lhes desse sua proteção. Tenho isso como prática, mas naquela madrugada rezei com ardor ainda maior.

No dia seguinte, os dois saíram para um passeio nos Lagos da Cordilheira dos Andes. Esse é um passeio lindo e é um privilégio ver toda aquela beleza criada por Deus. Ali se juntaram a um grupo de turistas brasileiros. Porém, na parte da tarde, meu filho e sua esposa começaram a sentir muito frio. Já moravam no Chile há algum tempo e tinham se preparado para o passeio, mas decidiram deixar o grupo e ir para casa, considerando que mais tarde esfriaria mais ainda.

As demais pessoas daquele grupo continuaram o passeio. Poucas horas depois que haviam partido, ocorreu uma avalanche naquele local onde meu filho e nora tinham estado e onde ainda se encontravam os turistas brasileiros. Essa tragédia resultou em soterramento de diversas pessoas, bem como rompeu uma ponte onde havia muita gente. Em poucos instantes, acabou com a vida de quase todos os integrantes daquele grupo, mais de 40 pessoas. Foi um choque, uma tristeza imensa, que deixou em luto muitas famílias brasileiras. Esse fato foi bastante divulgado nos meios de comunicação no Brasil e no mundo.

Creio firmemente que Deus ouviu minha prece e Nossa Senhora cobriu com seu manto meu filho e minha nora, que tiveram suas vidas poupadas por terem ido embora mais cedo. Agradeço e atribuo a sua poderosa intercessão esse verdadeiro milagre! Obrigada, Senhor! Obrigada, Maria!

Morada do Espírito Santo

Ana Rosa

Às oito e meia da noite de 23 de março de 2010, fui à igreja do Imaculado Coração de Maria, com minha filha Rosana. Quando começou a bênção do Santíssimo e entrou a imagem de Nossa Senhora, vi, uns três metros à minha frente, uma luz linda, azul e redonda como uma hóstia. Procurei ver se resultava de algum reflexo, mas não tinha nada. Durou um minuto e se apagou. Notei que aconteceu um milagre com minha filha Rosana! Agradeço muito!

Dirceu e eu nos casamos naquela igreja, no dia 19 de fevereiro de 1966, e ali celebramos Bodas de Prata e Bodas de Ouro. Amém!

Nossa Senhora Aparecida, Defensora da Vida

Padre João, sacerdote xaveriano – Piracicaba, SP

Os 300 anos do encontro da imagem de Nossa Senhora de Aparecida vêm confirmar, mais uma vez, a ação de Deus em Maria e sua intercessão para que todos os seus filhos e todas as suas filhas tenham vida, e vida em plenitude.

Maria é minha companheira de caminhada, creio eu, desde o ventre materno. Minha mãe, Virgínia, era muito devota de Nossa Senhora Aparecida. Era uma mulher que rezava o terço completo todos os dias e com os joelhos no chão. Ela deu-me o nome de João.

Jesus deu Maria a João como sua mãe. Tenho certeza de que Ela me assumiu verdadeiramente como filho, e procuro, com todo o meu coração, viver essa filiação e colocar em prática seu pedido, feito nas bodas de Caná: *"Fazei tudo o que Jesus vos disser"*. Aliás, esse foi o lema de minha ordenação sacerdotal. A passagem das Bodas de Caná foi a Boa Notícia que iluminou minha consagração a Deus e a seu povo.

Partilho com vocês três momentos fortes da presença de Nossa Senhora Aparecida como defensora de minha vida.

1º – Em um domingo de 1977, eu viajava, sozinho, à cidade de Laranjeiras do Sul, no Paraná, em vista de um grande encontro dos missionários xaverianos, que chamamos de "capítulo regional". Próximo à cidade de Guarapuava, fui surpreendido por um forte temporal de granizo e acabei caindo em uma grande ribanceira. Gritei pelo socorro de Nossa Senhora Aparecida. Depois de várias capotadas, pude sair do carro. Olhando para a situação do automóvel, eu não acreditava que saí com vida daqueles destroços. E o sinal de que Nossa Senhora Aparecida tinha vindo em meu socorro foi o rosário missionário que eu carregava amarrado no espelho do carro ser encontrado estendido sobre o banco onde eu estava sentado na hora do acidente. Não tive corte algum, nem saiu gota alguma de sangue.

2º – Quando isso aconteceu, eu já me preparava para partir rumo à missão em Moçambique, na África, onde os missionários xaverianos iniciariam uma nova frente missionária. Minha mãe adquiriu uma imagem de Nossa Senhora Aparecida para que eu levasse comigo. Pensei que não precisaria e dei-lhe a desculpa de que a imagem era grande demais e não cabia na mala. Em sua sabedoria de mãe, ela pegou uma imagem bem menor e me disse: "Se você não levá-la, não é mais meu filho". Levei-a. Qual foi a minha surpresa: encontrei um povo que tinha um grande preconceito por sua cor negra. Achavam que nada dava certo para eles por motivo de serem negros. Foi então que lhes apresentei a imagem de Nossa Senhora Aparecida. Nela, Deus mostra seu grande amor por essa cor; fez com que a Mãe de seu Filho tomasse a feição desse povo, para revelar a eles que também são filhos e filhas de Deus, com a mesma dignidade e direitos. Isso abriu caminhos e estradas para o anúncio do Evangelho de Jesus Cristo no meio deles.

3º – Depois de dez anos de vida missionária em Moçambique, retornei ao Brasil, para colaborar com a ação evangelizadora em meu país. No ano de 2013, no dia em que o papa Francisco chegou ao Brasil, recebi a notícia, de meu médico, de que meus exames constataram um câncer no intestino. Acolhi no coração e falei com Deus: "Senhor, se for para que eu cresça em sua graça, faça com que eu viva mais, caso contrário, pode me levar". Procurei acompanhar toda a linda e surpreendente caminhada que o papa Francisco estava realizando. No domingo do encerramento de sua visita em nosso país, levantei-me com uma grande dor no intestino. Tinha duas missas para celebrar. Rezei a primeira com dificuldades. Na segunda, proclamei o Evangelho com muita dor e, na hora da homilia, fui tomado por aquela cena linda do olhar e beijo do papa Francisco na imagem de Nossa Senhora Aparecida. Não me contive, pedi que me trouxessem a imagem que estava em um altar ao lado, convidei a todos para olharmos para ela, e comecei a cantar: *"Me disseram porém, que eu viesse aqui para pedir de romaria e prece paz nos desaventos; como eu não sei rezar, só queria mostrar meu olhar, meu olhar, meu olhar..."*

A dor passou. Os meus novos exames não acusaram o câncer. A vida continua! Nossa Senhora Aparecida, ajuda-me a fazer tudo o que seu Filho Jesus Cristo me disser. Ajuda-me a crescer na graça de Deus, a ser mais de Deus e de seu povo. Amém!

Maria em minha vida

Roberti – Piracibaba, SP

Maria esteve presente em minha vida praticamente em todos os momentos. Cito, porém, alguns que foram mais marcantes.

1. No colégio arquidiocesano, quando recebi o escapulário de Nossa Senhora do Carmo. Foi o primeiro título de Maria que me marcou e ainda marca, pois continuo com o escapulário até hoje.

2. Quando entrei na Legião de Maria, no *presidium* Nossa Senhora de Fátima, na igreja Imaculada dos Capuchinhos, em São Paulo, há mais de 10 anos, Nossa Senhora Legionária foi entronizada em minha casa. A partir dessa iniciativa, ela foi acolhida como Rainha de nossa casa e de nosso lar, fato marcante em minha vida.

3. Desde quando fui ao santuário de Schoenstatt, em Atibaia, tenho e venero, juntamente com minha família, a imagem da Mãe e Rainha Vencedora Três Vezes Admirável de Schoenstatt. Recebemos sua visita mensal.

4. Quando fui ao santuário de Aparecida e trouxe sua imagem para minha casa. Costumo expressar minha devoção também a ela todo dia 12 de cada mês.

5. Tenho minha devoção ao Rosário. Em cada dia do mês, rezo para um dos títulos de Nossa Senhora, escolhendo o dia de sua festa ou a data mais próxima ao dia da festa. Por exemplo: no dia 8 de cada mês, lembro a Natividade; no dia 5 de cada mês, rezo a Nossa Senhora das Neves; no dia 7 de cada mês, lembro e venero Nossa Senhora do Rosário, e assim por diante.

Rainha dos Confessores

Padre Luís Otávio – Piracicaba, SP

Nossa Senhora foi fundamental na escolha de eu ser um sacerdote de Jesus Cristo. Quero afirmar que minha vocação sacerdotal está ligada à presença de Nossa Senhora.

Ela carregou o filho Jesus em seu ventre – tornando-se o primeiro Sacrário. Assim, com esse exemplo, foi que me tornei um sacerdote com vista voltada para o reino de Deus. Da mesma forma que Nossa Senhora carregou Jesus, eu carreguei, dentro de mim, essa vocação para o sacerdócio.

Afirmo, hoje, que sou fiel a meu sacerdócio.

Essa é a vivência que tenho com Nossa Senhora.

Nossa Senhora da Conceição Aparecida

Daniele Aparecida – Hortolândia, SP

Minha devoção a Nossa Senhora Aparecida começou por meio da rejeição. Meu nome é Daniele Aparecida e eu não aceitava as pessoas fazerem piadinhas por conta do "Aparecida". Então, sempre dizia que não gostava e que não compreendia o porquê de minha mãe ter me dado esse nome.

Foram anos questionando, até que, realmente, pude ter uma experiência com a Virgem Maria. Encantei-me e procurei compreender seu amor e temor a Deus. No dia 12 de outubro de 2015, consagrei-me a Nossa Senhora da Conceição Aparecida, como prova de aceitação e admiração por sua história.

Em 2016, completando um ano de consagração, obtive duas graças de Deus, por intermédio de Maria. Uma delas, foi a proteção de minha casa. Eu estava atrasada para a missa do dia 12 de outubro, na qual iria fazer minha renovação, e acabei me esquecendo de desligar um aparelho elétrico. Participei da Santa Missa, fiz a renovação, observei a consagração de alguns amigos e retornei para casa. Depois de muito tempo, fui a meu quarto e percebi que o aparelho estava ligado, o lençol da cama estava queimado e o fogo já havia atingido um pedaço do colchão. Naquele dia, tive a confirmação de que Nossa Senhora Aparecida cuida de mim e de minha família desde nosso nascimento.

Nossa Senhora da Conceição Aparecida, rogai por nós!

Senhora Aparecida

Cláudia – Sumaré, SP

Aconteceu quando fui ter o tão esperado primogênito, José Augusto, hoje com nove anos.

Tudo correu bem durante os nove meses de gravidez. Em 18 de julho de 2008, passei por consulta com a médica, em Sumaré, onde moro. Marcamos, para o dia 21 do mesmo mês, a cesariana, pois seria o único jeito possível para o parto. Porém, chegando a minha casa, comecei a sentir as dores do parto. Seguimos para o Hospital Metropolitano, em Campinas. Ao chegar, fomos informados de que minha médica não estava lá. Comecei a ter complicações, que me fizeram ser levada, às pressas, para a sala de cirurgia.

O parto correu bem. Meu filho nasceu aparentemente bem. Que momento mágico! Passamos a noite a admirá-lo... Ele não dormiu... Logo pela manhã, notei que ele estava "molinho". Chamei a enfermeira, que chamou minha médica e levaram meu bebê para a UTI.

Eu estava em um quarto com seis mulheres; só eu era católica e estava sem meu filho... Nossa, que tristeza... eu passava horas na capela do hospital, pedindo pela saúde e vida de meu bebê. Na tarde do segundo dia, minha mãe, Maria, minha irmã, Lourdes, e meu esposo, Odair, revezaram-se, para ficar comigo. Eu sofria muito, mas tentava disfarçar.

Minha irmã trouxe-me um santinho com a imagem de Nossa Senhora Aparecida. Pedi muito à Padroeira que deixasse meu bebê ficar bem. Pense em uma noite de tribulação... Quando conseguia cochilar, eu sonhava com um caixão pequeno, branco, e com demônios. Levantei-me e tranquei-me no banheiro, para rezar e chorar escondidinha, sem causar conflitos religiosos (bobagem de minha cabeça!).

De manhã, ao me levantar para a enfermeira arrumar os lençóis, só me lembrei da imagem quando ouvi o sacudir das cobertas e olhei para trás, vendo aquela imagem dando um giro lento e amplo pelo ar. Não teve quem não visse a imagem de Nossa Senhora! Eu me senti leve, animada. A enfermeira pegou-a e me disse: "Tome sua santinha". Peguei-a e levei-a comigo até a UTI, como todos os dias. Naquele dia, meu filho apresentou melhora, com sucesso. Logo pude vê-lo, amamentá-lo! Felicidade tamanha!

Uma a uma, todas as mães e seus filhos tiveram alta, menos eu. Ficamos só Deus e eu no quarto, mas logo fui fazer companhia a uma colega, em outro quarto. Que coisa: ela, uma Mariana, que estava ali para fazer uma cirurgia qualquer, contou-me sobre muitos milagres, enquanto o meu acontecia! Ao todo, foram sete dias no hospital. O José Augusto aspirou mecônio, que foi para seus pulmões, mas se recuperou, sem sequela alguma, graças a Deus e a Nossa Senhora! Obrigada!

Nossa Senhora Auxiliadora

Maria

Desde criança, aprendi, com meus pais, a ter devoção a todos os santos, principalmente a Nossa Senhora Auxiliadora, cuja devoção é a que mais me marcou. Com eles, frequentava as Santas Missas e gostava de participar das procissões, cantando e rezando com as meninas de minha idade...

Em todas as festas, eu gostava de ir à praça da igreja para escutar as músicas das bandas e terminavam com a explosão dos fogos coloridos. Era uma festa para meus olhos admirar as variadas formas daquele espetáculo de luzes coloridas...

No casamento, encontrei muitas dificuldades e grandes desafios: a morte de minhas gêmeas, Luciana e Gigliola; depois, a morte de meu marido, Giovanni, e de minha mãe, Giovanna. Aceitando com fé essas provações, recorri a Nossa Senhora Auxiliadora, que sempre me ajudou.

Lendo o capítulo 15 do Evangelho de São João, compreendi que eu era como "o ramo, e Jesus, a videira!". Tomei consciência de que fui podada de todos os lados. Nossa Senhora levou-me a compreender que a poda não era para que o ramo morresse, mas para que desse mais frutos... muitos frutos.

Nossa Senhora, Serva da Palavra, fez-me descobrir "que não há proporção entre os sofrimentos do tempo presente e o peso de glória que Jesus vai me dar" (Rm 8,18).

Agora, sai de meu coração esta simples oração: "Nossa Senhora Auxiliadora, auxilia meu filho Fábio, minha nora Magali e meus netos Lucas e Letícia. Amém!"

Nossa Senhora de Fátima

Francisco – Hortolândia, SP

Iniciamos a oração em família no dia 2 de julho de 2007, com o chamado de Deus vindo por meio de um filme de Nossa Senhora de Fátima. Demos esse título a nossos encontros semanais. Já vinha de gerações a devoção a Maria, sempre incentivada por meus avós e meus pais.

A aparição de Nossa Senhora a Lúcia, Jacinta e Francisco voltava-se para a conversão do mundo, por meio do Santo Rosário. Isso despertou em meu coração o desejo de rezar o terço em minha casa, com minha família. Sem sabedoria e discernimento para levar a Boa-Nova de Jesus, enfrentei muitas barreiras individuais, como vergonha e timidez. Mas Deus não me deixava desistir, pois sempre me fazia pensar em minha família, marcada por muitas intrigas e desavenças, não havendo contato entre os irmãos.

Conseguimos caminhar durante três anos consecutivos, mas o chamado de Deus em minha vida ia além e era necessário que eu me colocasse a serviço de outras famílias, rezando o terço. Percebi isso com a passagem, por São Paulo, de um amigo/primo, o sacerdote Frei Airton. Uma querida amiga, Maria da Conceição, foi de extrema importância para meu conhecimento a respeito de evangelização. Pude caminhar com ela durante um período, levando o terço de Nossa Senhora Aparecida a nossos vizinhos.

Mesmo com as confirmações e o desejo de evangelizar, chegaram as dificuldades. Eu me deparei com uma depressão profunda, durante 13 anos de minha vida. Isso me impediu de rezar, mas não de caminhar com os planos de Deus, com o auxílio de Isabel e Alessandra Aparecida.

No início de nossa caminhada, precisávamos de pessoas com o conhecimento da Palavra de Deus, então, contamos com a ajuda do Sr. Toninho e da Sra. Sueli, aos quais somos muito gratos. E no, dia 2 de julho de 2017, completamos dez anos de evangelização em nossa família. Grandes curas e milagres aconteceram nestes dez anos: nossos irmãos já se reconciliaram, estou liberto da depressão, familiares que não participavam das comunidades hoje desempenham alguma atividade perto de onde residem. Minha filha, Daniele, agora é coordenadora de grupo de jovens, e minha filha, Deborah, é sentinela da Comunidade Teófilos. Alessandra, minha esposa, participa do Grupo Vivência e do Plantão de Escuta.

São anos de felicidade. Somos muito gratos a Deus por nossa vida e a de nossos familiares! Agradecemos, ainda, o crescimento do grupo do terço, as famílias que aqui se encontram, que nos ajudam a levar adiante esse desejo de Deus. Obrigada, Micarle, por aceitar estar na coordenação e nos conceder esse espaço. Muita gratidão também a nossos queridos sacerdotes que nos acompanham, ou acompanharam: padre Gino, in memoriam, padre Beto e nosso querido celebrante, padre Giovanni.

Que Deus nos abençoe hoje e sempre.

Nossa Senhora de Lourdes

Irmã Rosa – Londrina, PR

Sempre que invoquei e invoco Nossa Senhora de Lourdes, sou atendida. Ela é Padroeira de minha cidade natal, Apucarana (Paraná).

Desde quando ouvi o chamado de Deus para a vida religiosa, eu o entreguei em suas mãos. Meu pai e todos os parentes não queriam me deixar ir para o convento, queriam que eu me casasse.

A graça maior que alcancei por meio de Nossa Senhora de Lourdes foi o Batismo de meu pai. Nunca insisti para que ele fosse batizado, mas sempre pedia a Nossa Senhora que um dia eu alcançasse essa graça.

Certa noite, quando acabamos de rezar o terço (era nosso costume rezar juntos, em família), meu pai disse que queria ser batizado. Perguntamos qual o nome de santo que ele queria. Então, olhando para o quadro de Santo Antônio, respondeu: "Antônio, porque sempre me atraiu seu rosto amável com o Menino Jesus no colo".

Assim, graças a Deus e a Nossa Senhora de Lourdes, meu pai recebeu a graça do Batismo. Foi uma grande alegria para mim e para todos de minha família!

Rainha Assunta ao Céu

Tiana

Eu sou casada e tenho três filhos. Durante minha vida, tive muitos problemas, mas nunca me dei por vencida, pois sou uma pessoa de fé.

Adquiri dois problemas de saúde muito graves. Confesso que fiquei bastante assustada e abalada. As veias de meu coração estavam entupidas. Ao mesmo tempo, surgiu um nódulo em meu seio, havendo suspeita de que fosse um tumor maligno. Mesmo insegura, recorri à oração; apeguei-me, com Maria, a Jesus. Pedi oração aos amigos.

Um casal de amigos convidou-me a ir, com eles, à missa de encerramento das festividades na matriz do Imaculado

Coração de Maria. Pensei que seria uma missa como de costume, mas, no final, houve uma procissão e levamos a imagem da Mãe de Jesus pelas ruas. Meu esposo, meus amigos e eu fizemos aquela caminhada com Maria, suplicando-lhe a cura de meus problemas. Para minha surpresa, quando voltamos à igreja, houve a coroação de Maria. Reforcei meu pedido com muita fé e fui embora, confiando que tudo daria certo.

No dia seguinte, segunda-feira, eu faria uma punção, para a realização da biópsia. Antes da punção, foi feita nova ultrassonografia, visando localizar os nódulos. Para surpresa do médico, os nódulos tinham desaparecido! Não foi necessário fazer a punção! Com muita alegria, eu disse ao médico que recebera um milagre! Tenho certeza de que foi meu amor por Jesus e Maria e a confiança que coloquei naquela missa, procissão e coroação que me curaram! As veias do coração também desentupiram e não foi necessária a angioplastia.

Fiquei muito feliz e quis dar meu testemunho, pois, quando a gente tem fé, Deus age!

Nossa Senhora Aparecida

Márcia Denisa – Sumaré, SP

Falar sobre minha vida é relatar o milagre de Deus a cada momento, as infinitas bênçãos que recebo em meu dia a dia. Conheci o padre Giovanni no lançamento do livro dele "Cativa-me", em Hortolândia.

Fiquei honrada ao revê-lo no Dia dos Pais, quando ele me contou do lançamento de mais um livro "Rainha da Simplicidade". Fiquei honrada quando me pediu que escrevesse sobre alguma graça recebida pela intercessão de Maria, para incluir meu testemunho em seu livro. Muitas e muitas histórias eu teria para relatar, mas escolhi a que mais toca meu coração.

Aos 39 anos, em 2004, fui abençoada com algo que iria transformar definitivamente não só minha vida, mas a de toda a minha família. Na época, minha vida estava estabilizada e muitos achavam que nada mais mudaria significativamente. Conheci meu marido, André Luiz, durante um Congresso em Angra dos Reis, e nos casamos em 2005.

Em 2006, fomos surpreendidos com minha gravidez; nosso filho, Arthur, estava a caminho. Ficamos muito felizes e agradecidos a Deus, pois eu já estava com 41 anos e foi um processo natural. Uma gravidez saudável até os seis meses e meio, quando tive um súbito aumento de pressão arterial, sendo submetida a uma cesárea de urgência. Arthur nasceu no dia 15 de abril (a previsão de seu nascimento era 3 de junho), pesando 1,5 quilo. Ele foi levado diretamente para a UTI neonatal, onde passou 25 dias internado.

Aprendi, desde criança, que são sempre atendidos os pedidos feitos, por uma mãe, à Mãe de Jesus. Firmei minhas orações a Nossa Senhora, pedindo-lhe que cuidasse de meu filho e intercedesse, junto a Jesus e a Deus, pela vida do pequeno Arthur. Toda a nossa família passou a se unir nas orações pela saúde de nosso filho. Nos dias e noites de plantão no hospital com ele, nosso coração mantinha a fé e a certeza de que a bênção de Deus não seria tirada de nós. As orações em família e também as orações e promessas feitas por nós, pelos amigos, parentes distantes e próximos, foram atendidas! No dia 8 de maio de 2007, Arthur – saudável –, foi para casa.

Dois anos depois, ele foi submetido a duas cirurgias para reconstrução da uretra atrofiada. Mais uma vez, recorri a Nossa Senhora Aparecida, para que nosso filho se recuperasse bem, e logo. Novamente, nossas preces foram atendidas de imediato. Naquele momento, eu tinha feito a promessa de levar nosso "milagre" para conhecer a igreja de Aparecida. Logo depois do sucesso da cirurgia e de sua total recuperação, Arthur entrou na basílica de mãos dadas com a gente e também rezou, agradecendo, diretamente à Mãe de Jesus, os milagres que já havíamos alcançado...

Hoje, Arthur é um menino saudável e feliz, que gosta de ler a Bíblia. Ele diz que Jesus é seu amigo protetor; é uma criança amorosa, e reconhece a presença de Deus em cada ser que existe.

Todas as noites, agradecemos por nossa vida e, a cada dia, agradeço a Nossa Senhora ter me socorrido, sentindo sua presença em meu coração.

María, Mãe de todos nós Cristãos

Antônio – Piracicaba, SP

Para falar sobre Nossa Senhora, primeiramente, é preciso olhar para nossa família, onde tudo começa. É lá que recebemos o dom da vida, por intermédio de uma mulher, nossa mãe. Nossa mãe é a figura que nos mostra quem é Maria: a mãe de todos nós, cristãos.

Para sentirmos Maria em nossa vida, deveríamos meditar e contemplar a oração da Ave-Maria. Nessa oração "se dá tudo o que acontece na pessoa" que venera Maria: desde a Anunciação, até a hora de nossa morte.

Para mim, recitar o terço é caminhar todos os dias com nossa mãe Maria: é o segredo de nossa alegria.

Imaculada Conceição

Isael – Paulinha, SP

A história de Maria em minha vida começa na gestação, pois minha mãe se chama Maria, e se concretiza no dia de meu nascimento, 8 de dezembro, quando celebramos a Imaculada Conceição.

Levou certo tempo para eu entender a importância de Nossa Senhora em minha vida, mas, como Deus é paciente conosco (Sl 103,8), deu-me a oportunidade de ir aos poucos entendendo a presença dele em minha vida. Por intermédio de Nossa Senhora, fui aos poucos me reaproximando.

Após minha primeira Eucaristia – em 10 de outubro de 1978 –, cheguei a atuar como coroinha em Campinas, no Jardim Eulina, mas, ao nos mudarmos para Sumaré, em fevereiro de 1980, acabei me afastando da Igreja.

Eu comecei a trabalhar na Guardinha, em Campinas, em 1981. Inicialmente, fazia vários trabalhos de rua e sempre que passava próximo à catedral (dedicada à Imaculada Conceição) algo me incomodava. Muitas vezes, eu acabava entrando e me sentia muito bem. Não sabia por que, mas, mesmo ficando em silêncio, sem fazer uma oração sequer, sentia-me acolhido! Sentia que ela me dizia algo, mas não sabia o que era.

Essas visitas começaram a ficar frequentes e eu me sentia cada vez mais à vontade. Aos poucos, algumas orações espontâneas foram "brotando". Outras vezes, um silêncio contemplativo me fazia melhor e, ao sair, sentia-me renovado. Ainda sem entender uma possível mensagem, algo me dizia que, no momento certo, eu entenderia.

Em 1987, comecei a estudar em Piracicaba, e as visitas à catedral deixaram de existir. Porém, no fundo, eu sentia um grande vazio. Até que, na missa de minha formatura (1991), na catedral de Piracicaba, senti uma necessidade de voltar às missas, de fazer algo. Foi quando, com minha então namorada, hoje esposa, comecei a frequentar a comunidade Santo Antônio e conheci os xaverianos, que me conquistaram, com seu carisma.

Passei a atuar pastoralmente e acabei aproximando-me mais de Cristo, conhecendo-o mais, apaixonando-me por sua mensagem. Em seus ensinamentos, vi uma forma de vida que nos fortalece, nos dá esperança e nos incentiva a buscar uma mudança na realidade em que vivemos. Aprendi, na simplicidade de Maria, o fortalecimento da fé, a necessidade de, na humildade, aprender a dizer *Sim* e confiar.

Durante minha atuação pastoral, vivi momentos marcantes em datas marianas, podendo destacar que, em 8 de dezembro de 1995 (Imaculada Conceição), casei-me no civil e, em 25 de março de 2006 (Anunciação), recebi o convite para me inscrever como candidato ao diaconato permanente.

No dia 21 de abril de 2006, durante uma romaria ao santuário Nacional de Nossa Senhora Aparecida, no morro do Cruzeiro, de frente para a basílica (e olhando para ela), tive uma longa e proveitosa conversa com o então padre João Paulo, sobre o diaconato. Naquela data, dediquei meu possível ministério diaconal a Maria, tendo-a como exemplo para me aproximar cada vez mais de Cristo.

Em 26 de dezembro de 2015, na catedral metropolitana de Campinas (a mesma em que eu "passeava" em minha adolescência), fui ordenado diácono permanente. Por mais que tente, não conseguiria expressar, com palavras, a emoção. Na procissão de entrada, ao ver aquela imagem da Imaculada, meu coração quase explodiu. Ao servir o altar naquele dia, pela primeira vez como diácono, senti que tinha uma grande missão a exercer e, com ela, a responsabilidade de servir com humildade e intensidade (como Maria).

Muitas coisas começaram a fazer sentido: senti que, desde meu nascimento, tive a proteção da Mãe que nunca abandona o filho, Nossa Senhora, sob o título de Imaculada Conceição. Ela intercedeu a Deus por minha vida, esteve sempre comigo, mesmo com minha ausência por diversas vezes e, com muita paciência, esperou o momento de meu retorno.

Hoje, nos momentos de angústias e incertezas, recorro a Ela, que me acalma e ajuda a reaproximar de Deus. Sinto o colo de uma Mãe que ama plenamente e orienta seu filho no caminho certo!

Mãe do Salvador

Paulo – Hortolândia, SP

Falar de Maria é muito fácil e simples; por isso, escolhi a invocação Mãe do Salvador, que foi a que mais me tocou.

Maria sempre esteve presente ao lado de seu filho Jesus.

Presente quando disse seu *"sim"* ("Eis a serva do Senhor, faça-se em mim segundo vossa palavra" – São Lucas, capítulo 1, versículo 38).

Esteve presente em sua infância. Esteve presente em sua adolescência. Cresceu com Ele em Sabedoria.

Ela esteve presente no casamento em Caná, na Galileia ("Fazei tudo o que Ele vos disser" – São João, capítulo 2, versículo 5).

Também na Paixão e Morte, lá estava ela, aos pés da Cruz. Imagino sua dor e seu sofrimento de Mãe...

Maria participou da vida de seu filho Jesus como Mãe, companheira, serva e discípula.

Queria que todas as mães fossem como Maria.

Como desafio (não é fácil), farei o possível para ser Maria em minha vida.

E, concluindo: **quem não tiver Maria por Mãe do Salvador não terá a Deus como Pai!**

Pe. Giovanni Murazzo

Nossa Senhora de Fátima

Júnior

"Mulher, eis aí teu filho" (Jo 19,26).

Meu nome é Júnior, tenho 33 anos, sou filho do meio, de uma família de três irmãos. Sou coordenador em uma comunidade terapêutica (Nossa Senhora da Restauração), que faz parte da Associação Esperança e Vida. Ali, acolhemos e ofertamos tratamento na área de dependência química.

Há quatro anos sou missionário da Igreja Católica Apostólica Romana, o mesmo tempo em que abandonei os vícios das drogas, a partir de um encontro pessoal com Cristo. Desde o início de minha conversão, no ano de 2013, o exemplo de minha mãe gerou em mim uma devoção e carinho todo especial pela Virgem de Fátima.

Antes do catolicismo, minha família frequentava o espiritismo. Minha mãe, sempre fiel e devota de Nossa Senhora de Fátima, encontrou, em um grupo de oração da Renovação Carismática Católica, na cidade de Campinas, a resposta para suas dúvidas e angústias.

No sítio onde trabalho na luta contra a dependência química, acolhemos homens que sofrem pelo uso de álcool e outras drogas. São pessoas que, em sua maioria, estavam em situação de rua, outras tinham sido abandonadas pelas famílias, outras já haviam passado pelo sistema penitenciário, algumas frequentavam diversas seitas etc.

Muito mais do que livrar cada um do que o motiva ao uso das drogas, nós nos esforçamos para que redescubram sua **identidade de filhos amados de Deus**, que foi sequestrada pelo inimigo. Mais de 30% dos homens que acolhemos foram batizados na Igreja católica, porém, mediante a influência protestante, migraram para outras religiões.

Como a espiritualidade é nosso "carro-chefe" dentro da comunidade – a começar pelo santo terço –, tenho a alegria de relatar uma graça (vou utilizar um nome fictício, para preservar o anonimato da pessoa em recuperação).

No dia 11 de agosto de 2017, cinco residentes (nome pelo qual os tratamos) pediram-me autorização para fazerem um louvor e partilha na gruta de Nossa Senhora, que se encontra na entrada do sítio, com uma imagem de Nossa Senhora de Lourdes. Prontamente autorizei, com o acordo de que se repetisse aquele momento toda sexta-feira, a partir das 20h30.

Após três semanas, já estávamos em doze pessoas, nesse núcleo que só fazia aumentar. Dentre esses residentes, havia, pelo menos, quatro que se denominavam protestantes, mas sentiam a necessidade de estar ali. André, um dos protestantes, relatou a mim a seguinte experiência – ou milagre, como ele mesmo diz: "*Estávamos orando há pelo menos 40 minutos sem cessar, diante da gruta, porém eu me negava a olhar para a imagem. Minha posição era lateral, mas, ao abrir os olhos, senti um forte impulso de olhar para aquela imagem, pois veio muito forte em minha mente a minha mãe, que orava por mim sempre, a fim de que eu abandonasse o vício. Ao olhar para a imagem, ela estava com as palmas de ambas as mãos voltadas para cima, em sinal de acolhimento às orações. Fechei os olhos novamente, pois, para mim, era inadmissível uma imagem expressar algo... ao abrir novamente, suas mãos estavam unidas em forma de súplicas. Voltei-me para meus irmãos e lhes perguntei se mais alguém havia visto e disseram que não*".

Ele começou a testemunhar ali mesmo, sob forte emoção. Confidenciou-me que descobriu que temos uma Mãe que intercede por nós junto a Jesus! A partir daquele momento, ele passou a exclamar, com alegria, que vive em uma comunidade que está coberta pelo manto da Virgem Maria, que a oração de Mãe tem um poder sobrenatural, pois o coração de Mãe está diretamente ligado ao coração de Deus!

Que Nossa Senhora, mãe dos pobres e patrona dessa linda obra, chamada Esperança e Vida, interceda por tantos filhos dispersos, vítimas de HIV/Aids, álcool e outras drogas, a fim de que, atraídos por suas mãos acolhedoras e maternais, se unam ao rebanho de nosso único pastor, Nosso Senhor Jesus Cristo!

Cheiro de rosas neste lugar, Maria aqui está

Irmã Zoraide – São Paulo, SP

Nossa Senhora sempre acompanhou cada passo de minha vocação, nos momentos de alegria ou aflição. Ela sempre se utilizou de algum meio para confirmar sua presença.

No período em que eu fazia parte de uma comunidade de leigas consagradas, foi-me mandado conduzir a oração do sábado à tarde, na época, chamada de "O encontro com Maria".

Como eu sempre gostava de colher flores para Nossa Senhora, não queria começar a oração sem enfeitar seu altar. Mas, para sair, tinha que pedir permissão após o almoço. Eu não queria recordar à pessoa que era responsável e também não queria sair sem licença. Fiquei com aquela aflição, porque não podia colher flores.

Uns dez minutos após ter começado a oração, chegou uma senhora, que eu não conhecia e nunca tinha ido a casa. Ela disse-me que quando ouviu os cantos, em sua casa, sentiu que Nossa Senhora mandou-lhe colher as rosas e trazê-las para nós.

Assim, podemos experimentar a ternura e bondade da Mãe que se preocupa conosco desde as menores coisas. Agradeçamos a Nossa Senhora nos socorrer em nossas aflições e necessidades.

Nossa Senhora Aparecida

Dalva – Indaiatuba, SP

Vinte anos atrás, estando com 44 anos, consultei o cardiologista e fui diagnosticada como portadora de miocardia dilatada. Passei por longos tratamentos e ainda tomo remédios. Deus agiu em minha vida, porque meu coração voltou ao tamanho quase normal. Hoje, levo uma vida normal.

Em 2015, logo que me aposentei, meu esposo apresentou uma fístula no pé. Mais uma vez, Deus operou na vida dele! Depois de um ano, a ferida se fechou, mesmo ele sendo diabético.

Eu nunca perdi a fé!

No mês de agosto de 2016, meu marido começou a sentir muitas dores na perna e a ter falta de ar, principalmente na hora de dormir. Ele procurou um médico, que pediu um exame de cateterismo, com urgência. No dia marcado para o cateterismo, o cardiologista não quis fazer o exame, porque meu esposo poderia perder o rim, por conta do contraste. Pediu, então, orientação ao nefrologista, o qual disse que realizaria o exame. Com o acompanhamento do nefro, foi feito o cateterismo. Se não o fizesse, meu marido iria morrer, mas corria o risco de ter que acabar fazendo tratamento na máquina de hemodiálise. Graças a Deus, o rim funcionou!

Quando meu marido fez a cirurgia, suas artérias já estavam todas comprometidas e, não podendo fazer ponte de safena, foi feita a cirurgia na mamária. Ele passou cerca de 15 dias na UTI. Eu ia sempre até a capela do hospital e rezava. Minha oração especial é rezar uma Ave-Maria, um Pai-Nosso e contar a meu bom Deus e a Nossa Senhora os nossos problemas, fazendo meus pedidos. No dia 7/8/2017, foram feitos novos exames e, segundo o médico, meu esposo está bem! Graças a minha fé e orações, ele está bem! Só Deus nos salva!

Nossa Senhora Aparecida está sempre comigo. Tenho sua imagem em meu quarto, sempre com um vasinho de flor para ela! No altarzinho, há também a imagem de Nossa Senhora de Fátima e do Divino Pai Eterno.

Como eu falo, é a mão de Deus que está em minha vida.

Nossa Senhora do Bom Conselho

Priscila – Hortolândia, SP

Oh Virgem Gloriosa, escolhida por decreto eterno para Mãe do Verbo Eterno Encarnado, tesoureira das graças divinas e advogada dos pecadores! Eu, o mais indigno de vossos servos, recorro a vós para que me sejais guia e conselheira neste vale de

lágrimas. Alcançai, pelo preciosíssimo sangue de vosso Divino Filho, o perdão de meus pecados, a salvação de minha alma, e os meios necessários para obtê-la. Alcançai também, para a Santa Igreja, a propagação do reino de Jesus Cristo em todo o mundo.
Amém.

Nasci católica, mas, infelizmente, nem sempre me mantive na Igreja, nem sempre pratiquei minha fé. Hoje, sei que me afastei, mas Deus nunca se afastou de mim! Nunca deixei de rezar um Pai-Nosso, uma Ave-Maria e um Creio antes de dormir. Nunca deixei de professar minha fé católica, embora estivesse tão longe da Igreja. Nunca deixei de pedir a Deus, sempre que tinha um problema grave. Enquanto isso, Nossa Senhora acompanhava-me de longe, sutilmente, com muita calma e paciência. De longe, porque eu não permitia que ela estivesse mais próxima.

Naquele momento em que eu estava tão longe da Igreja e de seu Filho, Maria apresentou-se a mim sob o título de Nossa Senhora do Bom Conselho. Eu estava no último ano do curso de psicologia e tinha ido, com meus pais, a um cemitério em São Paulo. Era o dia 11 de junho de 2007. Meus pais iam àquele cemitério há anos, mas, na volta, nós nos perdemos. Procurando o retorno, paramos em um semáforo, em frente de uma igreja dedicada a Nossa Senhora do Bom Conselho. Ver aquela igreja foi como ver uma aparição. E aquele título nunca mais saiu de minha cabeça e de meu coração. Achei que, se havia uma Nossa Senhora do Bom Conselho, ela deveria ser a padroeira da psicologia! Hoje sei que nada é coincidência e aquelas voltas perto do cemitério também não eram simples eventualidade, era a Providência me buscando com amor.

Eu não era de fato religiosa. Realmente não compreendia muitas coisas da Igreja. Dava para contar nos dedos das mãos a quantas missas eu tinha assistido naqueles anos; e não posso dizer que tenha compreendido qualquer uma delas. Mas meu coração pediu com insistência que eu procurasse Nossa Senhora do Bom Conselho. Busquei, na internet, sem muita direção. Não acreditei que ela não fosse a padroeira da psicologia (teimei que aquele site devia estar errado). Porém, descobri seu dia comemorativo (26 de abril) e encontrei algumas orações e sua história.

Resumidamente, Nossa Senhora do Bom Conselho era o título de uma pintura representando Jesus Menino no colo de Nossa Senhora e demonstrando mútua confiança e amor. Tal pintura estava em uma igreja de uma cidade que fora tomada por infiéis. Os dois cristãos que resistiram, ajoelhando-se, colocaram-se a seus pés e pediram por suas almas. Aí ocorreu um milagre, a pintura desprendeu-se da parede e foi levada por anjos; aqueles dois cristãos seguiram-na até outra cidade, em segurança.

Já li muitas versões dessa história, e, em uma delas, afirma-se que a imagem, inclusive atravessou o mar, encontrou uma igreja sem teto e ali se fixou, fazendo com que todos os habitantes da pequena cidade italiana compreendessem o motivo de nunca terem conseguido, até aquela data, terminar o telhado de sua igreja. Passei a procurar uma imagem de Nossa Senhora do Bom Conselho para comprar. Entrava em igrejas e lojas religiosas, mas nunca a encontrei. Não entendi logo que não era um objeto que eu deveria buscar na Igreja...

Quando me formei, as queridas amigas que foram a minha colação de grau, em Londrina-PR, muito católicas, fizeram questão de visitar a matriz da cidade. Lá, enquanto escolhiam terços e lembranças, eu fiquei olhando os santinhos. Então encontrei, finalmente, pela primeira e única vez, um santinho com uma prece a Nossa Senhora do Bom Conselho. Até hoje, rezo diariamente a oração ali contida. Como era minha formatura, mais ainda tive e tenho certeza de que ela é, sim, a padroeira de *minha* psicologia!

Muitas coisas aconteceram em minha vida desde então, aproximando-me cada vez mais da Igreja e, principalmente, de Jesus. Eu aprendi a rezar o terço, compreendi a importância da Santa Missa e descobri o sentido da Eucaristia. Conheci a liberdade que advém do sacramento da Confissão. E já são tantas bênçãos, que talvez nem me lembre de todas.

A maior das bênçãos, com certeza, é poder servir a Deus por meio de meu trabalho. E, se algo não dá certo em meu dia a dia de psicóloga, corro para o colo de minha Mãe, Nossa Senhora do Bom Conselho. Se algum de meus queridos está sem caminho, sem rumo, até mesmo realmente perdido, é a Nossa Senhora do Bom Conselho que eu o recomendo. Se alguém, que eu amo, está em uma situação de risco, peço a Nossa Senhora do Bom Conselho que o traga de volta em segurança. Se me sinto insegura ao transitar em algum lugar desconhecido, logo peço que Nossa Senhora do Bom Conselho me guie, certa de que ela não me abandonará.

Sendo Cristo o caminho, a verdade e a vida, quem melhor que sua Mãe para nos ajudar a encontrar a direção?!

Hoje, não recorro mais a Deus apenas diante de problemas graves, mas o tempo todo, pois compreendi que o tempo todo Ele está ao nosso lado e ao nosso alcance. Porém, aprendi também que Ele apenas vem a nós quando nós fazemos sua vontade. O pecado nos afasta de sua vontade. Deixar de lado os ensinamentos da Igreja nos afasta de sua vontade. A Igreja, com seus sacramentos, aproxima-nos de sua vontade. Nossa Senhora nos aproxima de sua vontade, com seu exemplo e intercessão.

Nossa Senhora do Bom Conselho aproximou-me de sua vontade, devolveu-me ao rebanho de Jesus, do qual eu me apartara. Como agradecer tudo isso?! Como não amar a Mãe de meu Senhor?! Ainda peço, muitas vezes, a intercessão de Maria, mas hoje, com certeza, tenho muito mais a agradecer do que a pedir!

Causa da nossa alegria

Letícia – Hortolândia, SP

Somente aqueles que são movidos pelo Espírito Santo saúdam a Mãe de Deus, como o fez Santa Isabel: *"Bendita entre todas as mulheres"* (Lc 1,42). Tenho certeza de que o convite que recebi do padre Giovanni foi movido pelo Espírito de Deus! Ele apresentou-me a proposta e a graça de poder partilhar um testemunho sobre a Virgem Maria, para que ela seja mais conhecida e amada.

De modo particular, neste ano de festa (2018) para a Mãe da Igreja, contemplamos as bondades e o amor da doce Mãe de Deus. Ela vem a nosso encontro, como em Fátima, aos pequenos pastores, e como em Aparecida, aos pobres pescadores.

Enquanto o padre Giovanni ia me explicando a ideia inicial, mesmo sem eu saber o que seria preciso escrever, o Senhor, em meu coração, já suscitava a invocação à Santíssima Virgem que mais me faz suspirar: *Causa da nossa alegria.*

A alegria é, para mim, algo fundamental. Sei que quando Deus já sonhava comigo, com certeza deu-me a graça de ter uma porção a mais de alegria. Talvez seja até por isso mesmo que o próprio Senhor escolheu meu nome: Letícia, do latim *Laetitia*, que significa alegria, mulher alegre, ou mulher que transmite felicidade. Eu poderia simplesmente acabar minha partilha por aqui, pois, por si só, meu nome diz o tanto que sou chamada a viver essa virtude. Ainda mais quando a Virgem Maria se torna a causa dessa alegria.

Porém, a alegria, além de fazer parte de mim, foi uma das causas que mais me chamaram a atenção, em meu primeiro passo de conversão. No primeiro retiro que fiz, notei o quanto as pessoas eram felizes, dançavam, pulavam e cantavam, naturalmente tão alegres! Para o mundo, aquela alegria é sem sentido algum, mas, para elas, é simplesmente a alegria de pertencer a Deus.

Desde quando as vi, desejei um pouco daquela alegria e permiti que Jesus, a fonte disso tudo, viesse a ser, para mim também, a maior e verdadeira causa de minha alegria. Desde então, encontro-me com o Senhor em cada simples sorriso, em cada abraço, em um olhar alegre.

Quando, em minha caminhada, deparei-me com a grande Mãe de Deus, o sentimento que mais me abrasava era, mais uma vez, a alegria. Alegria de saber que não estou só, que Jesus não esqueceu de mim e que, além de sofrer tanto por mim, deixou que sua própria Mãe fosse minha também. Ele emprestou-me a Virgem Maria, pediu para que ela me adotasse.

Sem dúvida, para mim, como já dizia minha amiga, Teresinha do Menino Jesus, a maior alegria de minha alma é esta: **eu tenho a mesma Mãe que Jesus!** Essa devoção à Virgem Maria explica tudo: o porquê de meu nome; o porquê de ser; a alegria de Deus, a me cativar e impulsionar a me converter; o porquê de desejar ser a alegria de Jesus para todo o sempre.

Quando me pego a pensar na doce Mãe de Deus, vejo um sorriso único, tão puro! Esse sorriso é resultado de uma entrega completa de si a Deus.

Que a Virgem Maria conceda-me sempre a graça de uma santa alegria.

ANEXOS

Anexo 1

As Duas Asas da Devoção Mariana

Quem de nós não gosta das novenas de Natal? Quem não gosta das histórias apresentadas no final de cada dia das novenas?! Uma dessas histórias me marcou muito. Tinha este título: "Um coração que voa" e falava do beija-flor. Falava que o coração do beija-flor representa 80% de seu peso! Que maravilha! A vibração fantástica de suas asas é alimento do super fantástico "motorzinho" de seu coração.

Eu gostaria que a devoção que temos por Nossa Senhora tivesse duas asas:

✓ *A asa da confiança*
✓ *A asa da imitação*

Confiança e super confiança, porque ela é nossa Mãe e Supermãe! Imitação e superimitação, porque ela é modelo e supermodelo!

Confiança sem imitação torna-se ilusão. Imitação sem confiança torna-se alienação. Qual é o motorzinho capaz de fazer vibrar essas duas asas, em perfeita vibração e harmonia? É o Divino Espírito Santo! Não foi o próprio Jesus que lhe confiou a missão de nos "introduzir na verdade completa" (cf. Jo 14,26)?

Para treinar, fortalecer e garantir, tanto a vibração da asa da confiança quanto a vibração da asa da imitação, fiz uma pesquisa e ofereço o "ouro fino" dos textos do Vaticano II: Constituição sobre a Igreja, capítulo oitavo.

Eis o fruto de minha pesquisa:

Textos relativos à confiança:

> "Deus benigníssimo e sapientíssimo, querendo realizar a Redenção do mundo, quando veio a plenitude do tempo, enviou seu Filho, feito da mulher, para que recebêssemos a adoção de filhos" (Gl 4,4-5).

> A Virgem Maria, que na Anunciação do anjo recebeu o Verbo de Deus no coração e no corpo e trouxe ao mundo a Vida, é reconhecida e honrada como verdadeira Mãe de Deus e do Redentor. Em vista dos méritos de seu filho foi remida.

> Ela é dotada da missão sublime e da dignidade de ser Mãe do Filho de Deus, por isso, filha predileta do Pai e sacrário do Espírito Santo. Por esse dom de graça exímia supera em muito todas as outras criaturas, celestes e terrestres. Mas ao mesmo tempo está unida, na estirpe de Adão, com todos os homens a serem salvos. Mais ainda: "é verdadeiramente a Mãe dos membros (de Cristo) porque cooperou pela caridade para que na Igreja nascessem os fiéis que são os membros desta cabeça".

> Dotada, desde o primeiro instante de sua concepção, dos esplendores de uma santidade inteiramente singular, a Virgem de Nazaré é, por ordem de Deus, saudada pelo Anjo anunciador como "cheia de graça" (Lc 1,28).

Maria, Rainha da simplicidade

➢ Terminado o curso da vida terrestre, foi assunta em corpo e alma à glória celeste. E para que plenamente estivesse conforme a seu Filho, Senhor dos senhores (cf. Ap 19,16) e vencedor do pecado e da morte, foi exaltada pelo Senhor como Rainha do Universo.

➢ A materna missão de Maria a favor dos homens de modo algum obscurece nem diminui essa mediação única de Cristo. Dela obtemos toda a força. De modo algum impede, mas até favorece a união imediata dos fiéis com Cristo. Pela obediência, fé, esperança e ardente caridade, ela cooperou na obra do Salvador para a restauração da vida das pessoas. Por tal motivo ela se tornou para nós mãe na ordem da graça.

➢ Por sua maternal caridade cuida dos irmãos de seu Filho, que ainda peregrinam rodeados de perigos e dificuldades, até que sejam conduzidos à feliz pátria. Por isso, a Bem-aventurada Virgem Maria é invocada na Igreja sob os títulos de Advogada, Auxiliadora, Adjutriz, Medianeira.

➢ Por graça de Deus exaltada depois do Filho acima de todos os anjos e homens, como Mãe santíssima de Deus, de acordo com suas próprias proféticas palavras: "Chamar-me-ão bem-aventurada todas as gerações, porque fez em mim grandes coisas o Poderoso" (Lc 1,48).

Textos relativos à imitação:

➢ "Os fiéis devem venerar também a memória" primeiramente da gloriosa sempre Virgem Maria, Mãe de Deus e de nosso Senhor Jesus Cristo.

- Como seu tipo e modelo excelente na fé e caridade. E a Igreja católica, instruída pelo Espírito Santo, honra-a com afeto de piedade filial como mãe amantíssima.

- A Mãe de Deus na Santa Igreja ocupa o lugar mais alto depois de Cristo e o mais perto de nós (Paulo VI).

- Quis, porém, o Pai das Misericórdias, que a encarnação fosse precedida pela aceitação daquela que era predestinada a ser Mãe de seu Filho, para que assim como a mulher contribui para a morte, a mulher também contribuísse para a vida.

- Não são poucos os padres que afirmam, de bom grado, em sua pregação: "O nó da obediência de Eva foi desfeito pela obediência de Maria; o que Eva ligou pela incredulidade, a Virgem Maria desligou pela fé". Comparando Maria com Eva, chamam-na de mãe dos viventes; e com frequência afirmam: "veio a morte por Eva e a vida por Maria".

- A Bem-aventurada Virgem avançou em peregrinação de fé. Manteve fielmente sua união com o Filho até a cruz onde esteve não sem desígnio divino (cf. Jo 19,25). Veemente, sofreu junto com seu Unigênito. E com ânimo materno se associou ao seu sacrifício, consentindo com amor na imolação da vítima por ela mesma gerada. Finalmente, pelo próprio Cristo Jesus moribundo na cruz foi dada como mãe ao discípulo muito amado com estas palavras: "Mulher, eis aí teu filho" (cf. Jo 19,26-27).

- A Igreja, sempre de novo o experimenta e recomenda-o ao coração dos fiéis para que, encorajados por essa maternal proteção, mais intimamente adiram ao Mediador e Salvador.

Maria, Rainha da simplicidade

> A Virgem deu, em sua vida, o exemplo daquele materno afeto do qual devem estar animados todos os que cooperam na missão apostólica da Igreja para a regeneração dos homens.

> Saibam os fiéis que a verdadeira devoção não consiste em um estéril e transitório afeto, nem em certa vã credulidade, mas procede da fé verdadeira pela qual somos levados a reconhecer a excelência da Mãe de Deus, excitados a um amor filial para com nossa Mãe e à imitação de suas virtudes.

Vamos invocar a intercessão de todos os santos marianos, mas, de maneira especial, a intercessão do papa São João Paulo II, que teve como lema de sua vida *"totus tuus"* (Todo Teu).

Anexo 2

Aparecida e Fátima

Brasil e Portugal celebraram Jubileus de bênçãos, ao comemorarem os 300 anos em que a Imagem de Nossa Senhora Aparecida foi encontrada por três pescadores, no Rio Paraíba do Sul, e os 100 anos em que Nossa Senhora apareceu a três pastorinhos, em Fátima, Portugal.

A imagem milagrosa de Nossa Senhora Aparecida foi encontrada por três pescadores no Rio Paraíba do Sul, no ano de 1717, como resposta a preces confiantes feitas em uma situação de desespero. Depois do encontro da imagem, a pesca de peixes foi abundante e os pescadores intuíram a presença e ação de Deus naquele evento. Por assim ter aparecido, o povo chamou-a de "Aparecida", nome consagrado pela devoção popular. Nossa Senhora Aparecida foi proclamada Padroeira do Brasil, em 1930.

As aparições de Nossa Senhora aos três pastorinhos, precedidas pelas aparições do Anjo da Paz, deram origem ao santuário de Nossa Senhora de Fátima, em Portugal, considerado um dos mais importantes do mundo e centro de propagação da devoção mariana. Ele está entre os santuários marianos mais tradicionais do mundo, com grande número de visitantes.

Numerosas atividades mrcaram as celebrações dos jubileus de Fátima e de Aparecida, tendo recebido ampla divulgação pelos meios de comunicação.

Peregrinações são constantes. Os caminhos que levam às capelas, igrejas, catedrais e, principalmente, aos santuários, são percorridos por pessoas cheias de esperança, fé e gratidão. São muitas as expressões antigas e atuais de arte e de piedade que recordam a história, as graças recebidas e unem as pessoas em torno de Maria Santíssima. Pequenos e humildes, grandes e poderosos são convidados a aproveitar desse tempo de graças especiais, lembrando sempre que Maria é nossa medianeira e intercessora, que acolhe os que a Ela recorrem e os encaminha para Jesus, o Filho de Deus e nosso Salvador.

Ir. Zuleides Andrade, ASCJ
Comunicação para a pastoral
Almada – Portugal

Anexo 3

Sugestão para a Meditação do Terço
A Alma do Terço é a Meditação dos Mistérios

O papa Paulo VI sugere que, no fim da primeira parte da Ave-Maria, após a palavra "Jesus", seja retomado o Mistério, em poucas palavras.

Esta é a minha sugestão para isso:

• *Mistérios Gozosos (da Alegria):* segundas-feiras e sábados

1º A anunciação do anjo Gabriel a Nossa Senhora
"Ave, Maria, cheia de graça, o Senhor é convosco. Bendita sois vós entre as mulheres, bendito é o fruto do vosso ventre, Jesus. **Jesus é anunciado a Maria e a nós, no dia a dia".**

2º A visita de Nossa Senhora a sua prima Isabel
"Ave, Maria, cheia de graça, o Senhor é convosco. Bendita sois vós entre as mulheres, bendito é o fruto do vosso ventre, Jesus. **Jesus é levado, por Maria, para nós, no dia a dia".**

3º O nascimento de Jesus em Belém
"Ave, Maria, cheia de graça, o Senhor é convosco. Bendita sois vós entre as mulheres, bendito é o fruto do vosso ventre, Jesus. **Jesus nascido de Maria, para nossa alegria".**

4º A apresentação do Menino Jesus no Templo

"Ave, Maria, cheia de graça, o Senhor é convosco. Bendita sois vós entre as mulheres, bendito é o fruto do vosso ventre, Jesus. **Jesus oferecido, por Maria, para nós, no dia a dia**".

5º A perda e o encontro de Jesus no Templo, entre os doutores da lei

"Ave, Maria, cheia de graça, o Senhor é convosco. Bendita sois vós entre as mulheres, bendito é o fruto do vosso ventre, Jesus. **Jesus procurado por José e por Maria para nós no dia a dia**".

• **Mistérios Dolorosos:** terças e sextas-feiras

1º A agonia de Jesus no Horto das Oliveiras

"Ave, Maria, cheia de graça, o Senhor é convosco. Bendita sois vós entre as mulheres, bendito é o fruto do vosso ventre, Jesus. **Jesus, exemplo de oração na dor**".

2º A flagelação de Jesus atado à coluna

"Ave, Maria, cheia de graça, o Senhor é convosco. Bendita sois vós entre as mulheres, bendito é o fruto do vosso ventre, Jesus. **Jesus flagelado, para perdoar nossos pecados**".

3º A coroação de espinhos de Jesus

"Ave, Maria, cheia de graça, o Senhor é convosco. Bendita sois vós entre as mulheres, bendito é o fruto do vosso ventre, Jesus. **Jesus, de espinhos coroado, para nos ensinar a humildade**".

4º A subida ao monte Calvário

"Ave, Maria, cheia de graça, o Senhor é convosco. Bendita sois vós entre as mulheres, bendito é o fruto do vosso ventre, Jesus. **Jesus, por amor, carregando a cruz".**

5º A crucificação e morte de Jesus

"Ave, Maria, cheia de graça, o Senhor é convosco. Bendita sois vós entre as mulheres, bendito é o fruto do vosso ventre, Jesus. **Jesus entregou sua vida por nós, para que entreguemos a nossa para os irmãos".**

• *Mistérios Gloriosos:* quartas-feiras e domingos

1º A ressurreição de Jesus

"Ave, Maria, cheia de graça, o Senhor é convosco. Bendita sois vós entre as mulheres, bendito é o fruto do vosso ventre, Jesus. **Jesus ressuscitado, para nossa felicidade e de toda a humanidade".**

2º A ascensão de Jesus ao céu

"Ave Maria, cheia de graça, o Senhor é convosco. Bendita sois vós entre as mulheres, bendito é o fruto do vosso ventre, Jesus. **Jesus foi na frente, para preparar nosso lugar".**

3º O Pentecostes – a vinda do Espírito Santo sobre os Apóstolos

"Ave, Maria, cheia de graça, o Senhor é convosco. Bendita sois vós entre as mulheres, bendito é o fruto do vosso ventre, Jesus. **Jesus envia o Espírito Santo, para nos transformar".**

4º A assunção de Maria ao céu

"Ave, Maria, cheia de graça, o Senhor é convosco. Bendita sois vós entre as mulheres, bendito é o fruto do vosso ventre, Jesus. **Jesus deu a Nossa Senhora o privilégio da Assunção, para cativar o nosso coração".**

5º A coroação de Nossa Senhora no céu

"Ave, Maria, cheia de graça, o Senhor é convosco. Bendita sois vós entre as mulheres, bendito é o fruto do vosso ventre, Jesus. **Jesus coroou Nossa Senhora Rainha da Paz, para que possamos promover a cultura da Paz".**

• *Mistérios Luminosos:* quintas-feiras

1º O batismo de Jesus no Rio Jordão

"Ave, Maria, cheia de graça, o Senhor é convosco. Bendita sois vós entre as mulheres, bendito é o fruto do vosso ventre, Jesus. **Jesus irradia Luz, sentindo-se filho amado".**

2º O milagre das Bodas de Caná

"Ave, Maria, cheia de graça, o Senhor é convosco. Bendita sois vós entre as mulheres, bendito é o fruto do vosso ventre, Jesus. **Jesus irradia Luz, adiantando sua hora, a pedido de Nossa Senhora".**

3º Jesus anuncia o Reino de Deus

"Ave, Maria, cheia de graça, o Senhor é convosco. Bendita sois vós entre as mulheres, bendito é o fruto do vosso ventre, Jesus. **Jesus irradia Luz, anunciando o Reino e a nossa conversão ao Reino".**

4º A Transfiguração de Jesus

"Ave, Maria, cheia de graça, o Senhor é convosco. Bendita sois vós entre as mulheres, bendito é o fruto do vosso ventre, Jesus. **Jesus irradia Luz, por meio do mistério da Transfiguração".**

5º A instituição da Eucaristia

"Ave, Maria, cheia de graça, o Senhor é convosco. Bendita sois vós entre as mulheres, bendito é o fruto do vosso ventre, Jesus. **Jesus irradia Luz, por meio do mistério da Eucaristia, doando-se para todos".**

Padre Giovanni Murazzo, sx

Anexo 4

Cativados por Lourdes

Em agosto de 2016, recebi uma grande bênção: dom Bruno Forte, arcebispo de *Chieti-Vasto* (Itália), fez a apresentação de meu livro: *"Affacinati dalla Parola"* (Cativados pela Palavra). No mês de agosto do ano seguinte, recebi, pelo *Zenit,* o site do Vaticano, um testemunho seu: *"Rapiti da Lourdes"* (Cativados por Lourdes), escrito após uma romaria a Lourdes que ele fez com um grupo de jovens de sua arquidiocese. O teólogo da "Beleza de Deus" autorizou-me a traduzir e a publicar parte desse testemunho:

"Como milhões de peregrinos que chegam à gruta de *Massabielle*, os meus jovens foram cativados por Nossa Senhora de Lourdes. Por quê? Gostaria de responder a essa pergunta, salientando três aspectos.

O primeiro, foi a extraordinária experiência de oração pessoal e comunitária que, em Lourdes, todos podem realizar: o capricho e a beleza da liturgia, dos cantos, a experiência da procissão eucarística da tarde e daquela procissão luminosa da noite. A multidão que chega do mundo inteiro e se une naquela oração e naquele silêncio orante na frente da gruta... tudo isso fala ao coração dos jovens com intensidade emocionante. Os jovens que nunca fizeram 'caminhos de fé' também ficam cativados pela alegria e pela beleza de se deixarem amar por meio da Virgem Maria, que expressa sua ternura também na romaria de Lourdes. Ela leva os corações a seu Filho Jesus e à adoração do Deus três vezes santo.

O segundo aspecto é o encontro dos jovens com os doentes. Esse encontro é, literalmente, transformador. Em Lourdes, a lógica costumeira de nossa sociedade vira de ponta-cabeça. Em Lourdes, em primeiro lugar ficam os doentes, os fracos, tudo em função deles: um serviço de amor a eles oferecido e que vai além de toda imaginação. Fiquei impressionado ao constatar como os jovens descobrem essa mensagem. Sentem-se atraídos pela subversão daquela lógica que o consumismo e o hedonismo dominantes querem lhes impor.

O terceiro aspecto foi a experiência do amor universal. Em Lourdes, os jovens se sentem e se reconhecem irmãos da humanidade inteira: culturas diferentes, cor da pele diferentes, rostos diferentes, línguas diferentes... mas todos com a mesma dignidade, valor, e pertencentes à mesma família de filhos e filhas do mesmo Pai.

Nossa Senhora transformou Lourdes em uma grande escola de humanidade: cidadela do sobrenatural, capital da fé e terra dos milagres".

A marca FSC® é a garantia de que a madeira utilizada na fabricação do papel deste livro provém de florestas que foram gerenciadas de maneira ambientalmente correta, socialmente justa e economicamente viável.

Este livro foi composto com as famílias tipográficas Alishader, Baar Sophia e Adobe Caslon Pro
e impresso em papel offset 70g/m² pela **Gráfica Santuário**.